# CONTES
## ET
# NOUVELLES

PAR

ALPHONSE KARR

NOUVELLE ÉDITION

PARIS

MICHEL LÉVY FRÈRES, LIBRAIRES-ÉDITEURS

RUE VIVIENNE, 2 BIS

—

1862

Tous droits réservés

# CONTES
## ET
# NOUVELLES

## POUR NE PAS ÊTRE TREIZE

*Eugène Milbert à Félix Duport.*

Lausanne...

Après-demain, je serai à Genève, mon cher Félix. Je n'ai aucune raison de t'écrire cela, puisque j'arriverai presque en même temps que ma lettre; mais, vois-tu, je suis si heureux, que je ne puis plus longtemps contenir ma joie.

Depuis deux jours, j'en dis bien quelque chose aux fauteuils, à la pendule et au chat de la maison; mais cela ne me suffit pas; et je t'écris pour ne pas étouffer.

Adieu donc à la belle maison et aux meubles somptueux de mon oncle Éloi; adieu aux beaux fauteuils de velours rouge et au secrétaire d'acajou qui ornent ma chambre ; adieu aux excellents dîners et aux vins de France.

Dans quelques jours, j'aurai une petite chambre sur les toits, meublée d'un lit de sangle, de deux chaises et d'une table ; je dînerai au cabaret.

Mais je serai chez moi, et je *gagnerai ma vie ;* mot bizarre, mais énergique... L'homme, qui a fait Dieu à son image ; l'homme, qui se pare si libéralement de tant d'avantages ; l'homme, le roi de la nature ; l'homme, qui prétend que tout est à lui, et que tout a été fait pour lui ; l'homme, pour boire, manger et dormir, pour remonter les ressorts de sa misérable machine, pour mettre un peu d'huile dans ses rouages, est forcé de vendre les deux tiers de sa vie à un autre homme plus riche que lui. Ainsi, l'homme dont je vais être le secrétaire a d'abord sa vie à lui tout entière, puis celle de tous les malheureux comme moi qu'il emploie ; il a à lui chaque jour trente-six heures, et, moi, je n'en ai que huit.

Et je voyais tout le monde *gagner sa vie*, et je me disais :

— Mais je vole donc la mienne !

Oh ! maintenant, on ne fera plus rien pour moi qu'on ne me doive, je rendrai service pour service ; en mangeant, je ne serai l'obligé de personne ; en dormant, je ne devrai de reconnaissance à personne : je serai libre !

Ah ! Félix, tu ne comprends pas ce mot, tu ne sais pas ce que c'est que d'avoir passé toute sa vie chez un bienfaiteur ; un bienfaiteur ! je t'aurais bien vite dit ce qu'il vous donne ; mais s'il fallait te dire tout ce qu'on lui donne !

Ce repos dans ce lit qui est un bienfait, il faut le prendre, non quand j'ai envie de dormir, mais quand mon oncle a sommeil.

Mes goûts, il faut les cacher ; mes pensées, il faut les renfermer : mes opinions, il faut les soumettre. Ah ! si tu savais tout ce qu'on fait de lâchetés pour un dîner, qu'on ne ferait pas pour des millions, quand on dîne si bien pour six sous.

Oh ! pourquoi mes parents ne m'ont-ils pas dit en me laissant si jeune et si seul dans la vie : « Voilà une pioche, travaille à la terre ! » au lieu de me donner à cultiver l'héritage de mon oncle Éloi !

Mais, grâce à Dieu, tout cela va finir. *Je vais gagner ma vie.*

Voici comment cela est arrivé :

Il est survenu, l'autre jour, un étranger chez mon oncle ; celui-ci, qui me traite toujours comme un enfant, lui dit :

— *Le petit* va vous mener voir la cathédrale.

Tu connais Lausanne ; nous avons pris cette rue en escalier, couverte d'un toit, qui conduit à l'église. Il y a un quart d'heure à gravir ; puis, quand on est en haut, on voit, sur la porte, qu'il fallait prendre, en bas, M. Bâche, marguillier et teinturier, qui a les clefs.

L'étranger, à la façon dont mon oncle me traite, m'avait pris sans doute pour un domestique : hélas ! il ne pouvait me prendre pour rien de pire qu'un pauvre diable élevé par charité comme je suis. L'étranger me dit d'aller chercher M. Bâche. Un moment, j'eus envie de quitter l'étranger, mon oncle, Lausanne, et de m'en aller à travers ces belles plaines vertes de la terre et ces belles plaines bleues du ciel, et de ne jamais revenir. J'allai cependant chercher M. Bâche : le teinturier n'avait pas alors le loisir d'être marguillier et me donna les clefs.

Je remontai exténué. Le rustre qui m'avait attendu, assis sur la terrasse, trouva que j'avais été longtemps. Puis, sans me laisser un instant pour respirer, il m'obligea de lui servir de cornac à travers l'église, et me fit les plus sottes questions sur chaque pierre et sur chaque morceau de bois. Je fus obligé de répondre bien des fois : *Je né sais pas*, et lui, à chaque fois, répliqua : *C'est étonnant, que vous ne sachiez pas.*

Cela m'impatienta de telle sorte, que je pris le parti de ne plus demeurer court et de lui faire une histoire en réponse à chacune des ses questions.

Dieu sait ce que je lui contai alors. Quand nous arrivâmes à la tombe d'Harriet Cœnning, femme de l'ambassadeur Strafford, je lui dis que c'était la propre femme de mon oncle Éloi, et je l'entraînai comme si je voulais éviter de renouveler un triste souvenir, et, en réalité, pour échapper à la plus triste obligation de répondre à ses questions sur chacun des coups de ciseau donnés par le statuaire.

Malheureusement, à dîner, il crut devoir

parler à mon oncle de la magnificence du tombeau d'albâtre qu'il avait fait élever à madame *Éloi Milbert*.

Le soir, mon oncle me fit une grande avanie et me dit :

— C'est bien, jouez votre reste.

Le lendemain matin, il me fallut subir un long récit de tout ce que j'avais fait de mal depuis mon enfance, sans oublier une assiette cassée il y a dix ans, ni un pantalon déchiré il y en a douze : c'est sa manière de procéder. A chaque faute nouvelle, il me gronde à la fois de toutes celles que j'ai pu commettre dans toute ma vie ; la litanie commence invariablement par ceci : *A trois ans, votre père vivait encore, vous avez volé des pommes.* A la liste de tous mes crimes succéda, comme toujours, celle de tous les bienfaits de mon oncle, et alors je sentis chacune des bouchées de pain que j'ai mangées chez lui me revenir entre les dents, amère et empoisonnée.

— Tout ceci va finir, me dit-il en terminant ; vous partirez dans trois jours pour Genève. Il y a là un gros négociant qui a besoin d'un secrétaire ; vous irez chez lui.

Et je pars demain ; je dois passer par Montreux pour remettre une lettre à M. Gautherot. C'est, à ce qu'il paraît, un ami de mon oncle, que je ne connais pas.

Ton ami,<br>
Eugène MILBERT.

*Eugène Milbert à Félix Duport.*

Montreux...

Aussitôt que tu auras reçu cette lettre, tu iras de ta personne chez M. Launders, négociant, la maison derrière les *bains de Bergues*, et tu lui diras que M. Eugène Milbert, ton serviteur et le sien, ne pourra arriver auprès de lui que dans quatre ou cinq jours. Fais cette course avant de lire le reste de ma lettre.

Je te suppose revenu de chez M. Saunders, tu peux maintenant écouter mon histoire. Avant-hier, j'ai quitté Lausanne, ainsi que je te l'avais annoncé, avec six chemises, mon habit bleu, qui serait le plus vieux des habits sans mon habit gris, une montre qui me vient de mon père, et un peu d'argent que m'a donné mon oncle en m'embrassant. Tiens, Félix, en me quittant, il m'a donné une foule d'avis dont je n'ai pas entendu un mot; car j'ai pris depuis longtemps l'habitude, quand je le vois prêt à gronder ou à conseiller, de choisir à l'avance un sujet de méditation susceptible de me distraire du plus ou moins de solennité de son exorde; mais, en me parlant de mon père, il a pleuré, puis il m'a dit :

— Vois-tu, Eugène, dans la vie, il ne faut compter que sur soi-même.

Vrai, je l'ai trouvé tout à fait bonhomme, et je n'ai pu reconnaître en lui le tyran qui a tourmenté ma jeunesse. Peut-être n'y a-t-il jamais eu entre nous qu'un quiproquo : il est vieux, je suis jeune, chacun de nous prend à tort nos oppositions naturelles de sensations et d'idées pour une hostilité permanente. Rien ne rend tolérant comme le bonheur : j'étais si content de le quitter, qu'il me semblait que j'aurais pu rester avec lui.

Je suis arrivé vers quatre heures à Montreux; c'est un village qui, en venant de Lausanne, est à droite de la route qui côtoie le lac, et à quelques centaines de pas de cette route ; on y monte par un petit chemin hérissé de pierres. A l'auberge, j'appris qu'il ne passerait de voiture sur la route d'en bas que le lendemain à la même heure. Je me brossai et j'allai chez M. Gautherot. On lut la lettre de mon oncle, et on parut contrarié.

— Comment! il ne vient pas... aujourd'hui... pour la fête de madame Gautherot ?... Il l'avait si bien promis !... Ce n'est vraiment pas bien, etc.

Pour moi, on me reçut froidement.

— Monsieur est le neveu ?

— Oui, monsieur.

— Ah ! très-bien ; et vous allez ?...

— A Genève.

— Très-bien. Il a fait bien chaud aujourd'hui.

Je me levai, je saluai et sortis.

J'allai commander mon dîner à l'auberge, puis me promener sur la terrasse de l'église.

C'est le plus ravissant endroit que j'aie vu de ma vie.

L'église, sans être tout à fait gothique, a tout le charme religieux de cet ordre d'architecture ; son clocher octogone se découpe, à une grande élévation, sur le fond vert d'une haute montagne.

On entre sur la terrasse par une voûte de chèvrefeuille qui commence à fleurir. Des deux côtés de la porte principale sont deux rosiers, un rose et un blanc. Entre les fenêtres à ogives s'élèvent des jasmins parsemant leur vert feuillage d'étoiles blanches parfumées ; des corchorus avec leurs petites roses de couleur orange ; une vigne folle qui monte jusqu'au clocher, et couvre de ses rameaux sombres une grande partie du bâtiment.

Au-devant est une belle pelouse émaillée de boutons d'or et de petites marguerites blanches et de *wergist-meinnicht* d'un azur pâle.

Sur la pelouse s'élèvent des ébéniers avec leurs grappes de fleurs jaunes, des acacias qui ne sont pas encore en fleur, et des sorbiers dont la fleur est passée.

La terrasse est entourée d'un parapet à hauteur d'appui qui cache tous les terrains qui vont en descendant jusqu'au lac, de sorte qu'elle semble sortir de l'eau.

A un des angles de la terrasse est un berceau de cerisiers, où est placé un banc... sur lequel j'allai m'asseoir.

Là, je vis le soleil descendre entre les sommets neigeux de deux montagnes qui semblaient se croiser par leur base.

Il se couchait derrière un gros nuage du noir bleuâtre de l'encre; le nuage avait une large frange d'or; au-dessous s'élevait une vapeur orangée. Celle des deux montagnes qui était le plus près de l'horizon était grise; la plus près de moi était noire.

L'intervalle qui séparait les sommets, en forme de cône renversé, était rempli de feu et de lumière.

J'étais absorbé par ce spectacle et par le calme du lac, lorsqu'on me frappa sur l'épaule : mon interrupteur n'était autre que M. Gautherot.

— Parbleu! me dit-il, voilà assez longtemps que je vous cherche; on m'a dit, à votre auberge, que vous étiez allé vous promener, et je me suis mis à votre poursuite sur ce renseignement plus qu'incertain. Il faut absolument que vous veniez dîner avec nous.

Je fus fort étonné de cette invitation, qu'on aurait pu me faire plus poliment deux heures plus tôt, et je répondis que j'avais dîné.

— Non pas, me dit M. Gautherot ; car j'ai fait ôter de la broche, à l'auberge, un poulet qu'on y avait mis pour vous; j'ai promis à madame Gautherot de vous amener, et vous viendrez.

Je fis encore quelques façons, et je me mis en devoir de suivre M. Gautherot.

— Ah çà! me dit-il comme nous passions devant l'auberge, il faut aller vous habiller, nous avons du monde ; mais songez que vous n'avez que dix minutes ; je vais vous annoncer.

Je montai à ma chambre, fort tourmenté. M'habiller! comme ces gens-là y vont! m'habiller! J'avais mis, pour porter la lettre, mon habit bleu, que je considérais comme le meilleur; mon habit gris était dans ma malle, et, depuis longtemps, je ne le regardais plus : je l'en tirai machinalement. Je ne sais si les habits reprennent du lustre par le repos, ou si mon habit bleu avait perdu, sans que je m'en fusse aperçu, l'air cossu qui m'avait fait rejeter l'autre pour lui ; mais mon habit gris me parut non-seulement infiniment meilleur que je ne m'y attendais, mais encore de beaucoup mieux conservé que le bleu. Je le mis donc, et retournai chez M. Gautherot.

Il y avait beaucoup de monde chez M. Gautherot ; on fit peu attention à moi ; madame Gautrot répondit par une révérence à un compliment que je lui fis, et dit :

— On n'attend plus que M. Rignoux.

On l'attendit une demi-heure ; puis un domestique apporta une lettre, par laquelle ledit M. Rignoux s'excusait de ne pas venir : sa femme était malade.

— Ah ! mon Dieu ! s'écria madame Gautherot, comment faire ?

Je ne compris pas bien cette interjection ; il me paraissait n'y avoir à faire qu'une chose très-simple, c'est-à-dire de dîner sans M. Rignoux. M. Gautherot suivit sa femme dans une embrasure de la fenêtre, et, là, ils eurent à voix basse une conversation animée, dans laquelle je ne tardai pas à m'apercevoir que j'étais pour quelque chose; cela m'embarrassa, et je commençais à regretter fort le poulet que j'avais laissé à l'auberge.

A ce moment, une jeune fille traversa la salle, et vint parler bas à madame Gautherot; c'était cette belle jeune fille dont je t'ai parlé, il y a un an, que j'avais vue à la cathédrale de Lausanne et dont la vue m'avait si fort troublé; que j'avais revue ensuite, pendant un mois, presque tous les jours, au Signal, sur cette plate-forme de laquelle on voit sous ses pieds la ville avec ses tuiles rouges. Un jour, je l'avais aidée à descendre une côte rapide et glissante, car elle n'était accompagnée que de gens âgés, qui ne pouvaient la secourir en cette circonstance; depuis, je la saluais en la voyant, et je lui adressais quelques mots; puis elle était partie, et je ne l'avais plus revue que dans mes rêves. C'était elle, avec ses grands yeux bleus, sa taille svelte, son col flexible, sa démarche gracieuse et aisée.

On la mit en tiers dans la conversation qui se tenait dans l'embrasure de la fenêtre; je ne tardai pas à l'entendre rire en disant :

— Allons, ma mère, tranquillisez-vous, je me charge de cela.

Elle disparut quelques instants, puis rentra, et, traversant le salon, vint droit à moi :

— Monsieur, me dit-elle, voulez-vous m'accorder un entretien de quelques instants ?

Je m'étais levé à son approche ; elle me fit signe de m'asseoir, et prit un fauteuil à côté du mien.

— Voici, monsieur, de quoi il s'agit : ma mère ne peut se faire à l'idée d'un dîner où l'on se trouverait treize à table ; monsieur votre oncle devait compléter le nombre de quatorze, avec ces autres jeunes gens que vous voyez.

Et, d'un coup d'œil malicieux, elle me fit remarquer que pas un des convives n'avait moins de cinquante ans.

— Il n'est pas venu, et nous nous sommes trouvés réduits à treize ; c'est pour cela, pour cela seul, qu'on a été vous chercher ; vous n'êtes pas ici comme jeune homme, on n'en reçoit pas dans la maison ; comme homme aimable, on n'a pas encore pu en juger, mais bien comme quatorzième. Voici maintenant que M. Rignoux ne vient pas; de quatorzième que vous étiez, et comme tel digne de tous les égards, vous êtes retombé à l'état de treizième, et, en conséquence, à l'état de mauvais présage, d'araignée rencontrée le matin, ou de corneille vue à gauche. Il a d'abord été question de vous renvoyer *par un moyen adroit,* mais on n'a pas trouvé de *moyen adroit.*

— Mademoiselle, dis-je assez bêtement, je suis prêt à me retirer.

— Votre réponse a tellement peu le sens commun, me dit-elle, avec un léger mouvement d'impatience, que j'ai presque envie de vous laisser partir. On a abandonné ce projet; mais on lui fait succéder celui de me faire dîner dans ma chambre. J'ai montré moins de résignation que vous, et j'ai demandé à ma mère la permission de faire mettre, auprès de la grande table, une petite table, où nous dînerons, vous et moi, comme les deux plus jeunes, si toutefois ce projet n'a rien qui choque votre susceptibilité ; par ce moyen, ils ne seront que onze, et éviteront, sinon le danger, du moins la peur de *mourir dans l'année.*

Elle me quitta sans attendre ma réponse, et

alla dire à sa mère que j'acceptais. Madame Gautherot, rassurée, vint à moi, et me dit :

— Ma fille vous a avoué ma faiblesse, monsieur ; je suis bien reconnaissante de votre obligeance de ne pas trop vous moquer de moi. Messieurs, dit-elle en se tournant vers ses autres invités, M. Rignoux ne vient pas, nous allons dîner. Monsieur Morel, donnez-moi le bras.

On passa dans la salle à manger ; on avait dressé notre petite table ; madame Gautherot se chargea de l'explication. Fanny, quoiqu'elle m'eût parlé un peu plus familièrement qu'on ne fait à un homme qu'on n'a jamais vu, n'avait cependant fait aucune allusion à notre rencontre à Lausanne. Vers le milieu du dîner, on commença à causer bruyamment. Alors seulement j'osai lui dire :

— Vous rappelez-vous, mademoiselle, Lausanne et sa cathédrale, et le Signal, et la maison de Forestier, et ses colonnes de bois, sous les acacias en fleur ?

— Oui, dit-elle, et aussi le lac que l'on voit sous ses pieds, borné par des montagnes au sommet neigeux; le lac d'un bleu foncé à l'ombre, et blanc comme un miroir sous les rayons ardents du soleil.

— Et, dis-je, les beaux platanes au-dessus des bancs du Signal, et les forêts vertes pleines de violettes et de fraises?

— Oui, dit-elle, et, plus que cela, les riantes et libres pensées qui s'exhalaient de toutes ces choses. Pensées, ajouta-t-elle tout bas, comme se parlant à elle-même, qui se sont fanées avec les violettes, et qui n'ont pas refleuri avec elles et ne refleuriront plus.

Elle resta alors comme absorbée, et son visage fut longtemps sans reprendre son habituelle expression de malice. Nous fûmes quelque temps sans parler; on se leva de table, et, de la soirée, je ne me trouvai plus auprès de Fanny.

Le soir, madame Gautherot me demanda quand je partais. Je répondis, presque sans savoir pourquoi ni comment, que j'attendais une lettre de mon oncle.

— Eh bien, me dit-elle, si vous voulez demain entendre une messe, avec de la musique, nous vous donnerons une place dans notre banc.

Tu comprends, mon cher Félix, que je ne puis partir sans faire une impolitesse à cette bonne femme ; et, d'ailleurs, on m'a beaucoup parlé de l'orgue de Montreux.

Adieu ! tout à toi.   Eugène Milbert.

---

Le dimanche, Eugène était de bonne heure sur la plate-forme de l'église. Fanny arriva également avant l'heure du service divin ; elle était avec sa mère. Eugène s'approcha d'elles pour les saluer ; mais, au même moment, madame Gautherot fut abordée par des femmes de sa connaissance, qui l'emmenèrent dans un coin de la terrasse pour lui parler bas.

Fanny, restée seule auprès d'Eugène, lui dit :

— Monsieur Milbert, j'ai peut-être été bien familière avec vous ; mais vous ne vous en étonnerez pas quand je vous aurai dit que je vous connais depuis longtemps, que le hasard m'a fait connaître toute votre histoire, et qu'une certaine conformité entre vos chagrins et les miens m'a toujours inspiré de l'intérêt pour un jeune homme que, selon toutes les probabilités, je devais ne revoir jamais. Je vous ai revu, vous avec qui je n'avais jamais causé de choses plus intéressantes que des chances de beau temps et de pluie pour le lendemain, je vous ai revu comme un ancien ami. D'ailleurs, notre rencontre à Lausanne a eu lieu à une époque où j'étais bien heureuse.

— Eh quoi! mademoiselle, reprit Milbert, cette gaieté qui vous rendait si charmante hier au soir...

Pendant l'office, Milbert regarda beaucoup Fanny, mais sans rencontrer une seule fois ses regards. Seulement, lorsqu'on dit le psaume *Jubilate Deo :* « Vous tous, habitants de la terre, jetez des cris de réjouissance à l'Éternel, » elle leva les yeux au ciel, et deux grosses larmes tombèrent sur le livre qu'elle tenait à la main.

— Hélas! pensait-elle, de quoi ai-je à remercier Dieu?

Le lendemain, on alla pêcher à la ligne dans le lac. Eugène fut invité au dîner, qui se composait en partie de la pêche commune. Après le dîner, on alla promener sur la terrasse de l'église. Là, il parla encore à Fanny de leurs rencontres au Signal de Lausanne.

— J'y suis retourné bien des fois depuis votre départ, lui dit-il.

— Monsieur Milbert, dit-elle, je cause avec vous comme peut-être je ne le devrais pas faire ; mais tous les gens qui m'entourent sont si heureux, que je ne me sens de confiance pour aucun. Vous, vous êtes livré sans appui à toutes les chances de la vie ; moi, on me fait d'un seul bond passer par-dessus toutes les rêveries et toutes les joies de la jeunesse : on me marie à un homme plus âgé que mon père.

— Vous ! s'écria Milbert.

— Dans quatre mois, dit-elle.

Ils restèrent tous deux silencieux.

— Où allez-vous ? dit-elle un peu après, et que comptez-vous faire ?

— J'allais à Genève pour occuper une petite place ; mes parents ne m'ont donné d'autre profession que d'attendre l'héritage de mon oncle, et je vous assure que c'est une triste chose !

— Je prierai quelquefois pour vous ; pour moi, on ne peut même pas prier pour moi, car ma vie est fixée et renfermée dans d'étroites limites : j'ai tiré mon billet, et il est noir ; que le ciel vous en réserve un meilleur !

— Mais ce mariage est-il donc...?

— Parfaitement décidé ; le contrat est fait et signé.

— Ainsi donc, je ne vous reverrai plus !

— Au contraire, il y a des raisons qui nous feront nous rencontrer.

— Votre futur mari habite-t-il donc Genève?

Fanny le regarda avec l'air d'un grand étonnement et ne lui répondit pas. On rentra à la maison ; Eugène salua la famille Gautherot et rentra à son auberge.

Le lendemain, il fit une visite pour ses adieux, et demanda si l'on avait des commissions pour Genève ; il partait le surlendemain. On le retint à dîner, puis on fit de la musique. Fanny chanta, tandis que sa mère l'accompagnait sur le piano.

— Quel air ravisssant ! dit Milbert ; comme il berce doucement l'âme ! comme il l'assoupit dans de riantes rêveries ! Jouez-le donc encore une fois, que je le retienne.

Madame Gautherot et Fanny recommencèrent.

Milbert essaya à son tour. Mais ce n'était pas cela ; on recommença encore. Fanny était debout derrière le fauteuil de sa mère, et à sa droite ; Milbert était dans la même position, mais de l'autre côté ; et elle redit cette chanson allemande dont le sens est :

« Toutes les magnificences de la nature, le silence imposant de la nuit, les odeurs des fleurs, les rayons pâles de la lune à travers les panaches verts des arbres, les étoiles, fleurs de feu semées dans le ciel, les lucioles, fleurs de feu semées dans l'herbe, tout cela a été créé pour rendre le monde digne de l'homme au moment où, pour la première fois, il dit à une femme : *Je t'aime !* mot formé d'un céleste parfum de l'âme, qui s'exhale et monte au ciel avec les parfums des fleurs, moment le seul dans sa vie où il est roi, où il est Dieu, moment qu'il paye et expie par toute une existence de regrets amers. Ce moment, c'est le prix de toutes nos misères. »

Fanny avait chanté avec une expression de douce tristesse. Eugène répéta le couplet avec enthousiasme ; leurs yeux se rencontrèrent, et se donnèrent *un long baiser d'âme ;* leurs mains, posées sur le dossier du fauteuil de madame Gautherot, s'étreignirent convulsivement.

La servante apporta de la lumière, et il leur sembla que leur temple d'ombre et de mystère se dissipait.

Milbert se retira de bonne heure et passa la nuit à écrire à mademoiselle Gautherot; il lui *avouait* son amour.

Le lendemain, il voulut lui glisser son épître; mais elle lui dit :

— Qu'on vous croie parti, et revenez à minuit sous la fenêtre du jardin.

Il fit ses adieux, retourna à son auberge et s'enferma dans sa chambre jusqu'à minuit, la tête tellement remplie de pensées diverses et contradictoires, qu'elles ne faisaient dans sa tête qu'un tumulte confus, qui ne lui permettait d'en suivre aucune.

A minuit, il était sous la fenêtre du jardin, qui ne tarda pas à s'ouvrir.

— Est-ce vous? lui dit Fanny d'une voix tremblante.

— Oui.

— Eh bien, écoutez-moi.

— Quoi ! d'ici ?

— Et d'où donc ?

— Laissez-moi monter dans votre chambre.

— Pourquoi ?

— Parce que j'entends des pas, parce qu'il pourrait passer quelqu'un, parce qu'on me verrait.

Et, sans attendre de réponse, il s'élança après le balcon et entra dans la chambre de Fanny.

Fanny fut quelques instants sans pouvoir parler. Milbert lui montra la lune qui se levait derrière les arbres, et les étoiles qui brillaient au ciel, et lui dit :

— Rappelez-vous la chanson. « Tout cela a été créé pour rendre le monde digne de l'homme au moment où, pour la première fois, il dit à une femme : *Je t'aime !* » Ce moment, c'est le prix de toutes nos misères. Fanny, je vous aime !

— Et moi aussi, Eugène, dit-elle, je vous aime, et il y a bien longtemps ; et, quand, ces jours derniers, vous me rappeliez vos rencontres à la maison de Forestier, j'en retrouvais dans mon cœur jusqu'aux moindres circonstances.

— Et moi, dit Eugène, depuis ce temps-là, je

n'ai pu séparer votre souvenir d'aucune de mes pensées ; il était au fond de toutes mes actions, et bien souvent à mon insu. C'est depuis que je vous aime, que j'ai senti tout ce que pesait le joug des bienfaits de mon oncle, que j'ai rêvé la liberté et l'indépendance ; votre premier regard a fait éclore en mon âme la fierté et le courage et toutes les nobles passions.

— Tant mieux si vous avez du courage, car nous en aurons besoin.

— O Fanny ! aimé de vous, je ne connais rien d'impossible, toutes les difficultés qui m'effrayaient, à mon entrée dans la vie, ne me paraissent maintenant que me préparer des triomphes.

— O mon Dieu ! dit Fanny en levant ses beaux yeux au ciel, pardonnez-moi et secourez-moi.

— Le ciel me protége, puisqu'il m'a fait vous rencontrer.

— Et moi aussi, je me sens du courage : d'abord, ce mariage contre lequel je n'avais jusqu'ici que des larmes cachées et de la résignation, il n'aura pas lieu ; je saurai dire *non*, même au pied de l'autel.

— Et moi, je vais retourner à Lausanne, je vais me jeter aux genoux de mon oncle.

— De votre oncle?

— Il a promis à mon père mourant...

— Mais, insensé! ne savez-vous donc pas que c'est votre oncle que je dois épouser?

— Mon oncle!

— Lui-même.

— On ne m'en a rien dit; voilà pourquoi on m'éloignait de Lausanne.

— Et voilà une des causes pour lesquelles je m'intéressais à vous, pour lesquelles je vous aimais, pauvre enfant! Mon père avait exigé de votre oncle qu'il me reconnût, dans le contrat, des avantages qui vous déshériteraient plus d'à moitié. J'aurais été pour vous un objet de haine, vous dont je serais si heureuse de faire le bonheur, que je ne sais pas si je puis avoir d'autre bonheur que le vôtre. D'abord, je n'ai pensé qu'à obtenir votre amitié, qu'à vous faire comprendre combien c'était contre mon gré que je vous faisais du tort, qu'à ne pas vous laisser croire que j'avais un bonheur fait de votre malheur.

— Mon oncle! murmurait Milbert atterré; mais que faire alors?

— Nous y penserons. Pour moi, je vous promets que je ne l'épouserai pas, et que je me garderai pour vous. Il est tard; il faut nous séparer. Quittez votre auberge dès le jour, et allez vous cacher dans quelque maison sur la route; vous reviendrez la nuit prochaine à la même heure. Je n'ai pas besoin de vous dire de penser à moi, n'est-ce pas? Pensez à nous, songeons à ce que nous avons à faire. Nous connaissons notre but; convenons du chemin qui doit nous y conduire, et ensuite marchons sans regarder derrière nous. Adieu.

La nuit suivante, mademoiselle Gautherot et Eugène Milbert agitèrent cent projets différents, dont aucun ne fut adopté.

Il n'y a qu'un point sur lequel ils n'hésitèrent pas : c'est qu'ils s'aimaient, qu'ils ne pourraient vivre l'un sans l'autre, qu'il fallait qu'ils fussent unis, et que rien ne leur coûterait pour arriver à ce but.

—Je n'épouserai pas votre oncle, disait Fanny; depuis que je me suis avoué à moi-même et que je vous ai dit que je vous aime, j'ai trouvé les raisons de cette répugnance si forte que j'avais pour ce mariage, sans en pouvoir dire les causes. On dit qu'il y a de malheureuses femmes qui se vendent pour avoir du pain, on n'a pour elles que des paroles de mépris ; comment alors appellera-t-on toutes ces femmes que le monde honore, et qui se vendent, non pas pour avoir du pain, mais pour avoir un plat de plus sur une table déjà somptueuse ; non pour avoir des habits, mais pour se faire donner des diamants ?

Milbert revint le lendemain, puis encore le jour suivant, puis ce fut une habitude ; Fanny ne lui disait plus : « Venez, » et il ne disait plus : « Je viendrai ; » mais elle ouvrait sa fenêtre à minuit, et Milbert montait au balcon et restait près d'elle jusqu'aux premières lueurs du crépuscule, à parler de leur amour et de leurs projets.

Une nuit, ils entendirent un bruit de pas du côté du jardin, comme Milbert venait d'entrer ; il se hâta de souffler la veilleuse qui éclairait faiblement d'ordinaire la chambre de Fanny. La personne qu'ils avaient entendue passa, et Fanny, dans l'ombre, fut obligée de tendre la main à Milbert pour le guider près d'un fauteuil. Il ne quitta plus cette main. Ils restèrent sans parler... On aurait entendu le battement de leur cœur... Fanny laissa tomber sa tête sur sa poitrine; leurs cheveux se touchèrent, et tous deux frissonnèrent d'une commotion électrique; et, tout le reste de la nuit, on n'eût entendu que des soupirs, des gémissements, des paroles entrecoupées.

A peine les étoiles commencèrent à s'éteindre, que Fanny dit à son amant :

— Mon bien-aimé, je suis à vous; cela me donne bien des droits; vous ferez ce que je vais vous dire; vous allez quitter dès aujourd'hui votre retraite, et aller à Genève pour occuper cette place qui vous est offerte. Vous avez vingt-deux ans, je n'en ai que dix-huit; j'attendrai que, par votre travail, vous vous soyez mis en mesure de me demander à mes parents; je vous attendrai aussi longtemps qu'il le faudra ; cependant, nous ne devons pas perdre un seul jour qui puisse être employé pour notre réunion; vous n'entrerez plus dans cette chambre que comme mon époux aux yeux des hommes, ainsi que vous l'êtes aujourd'hui devant Dieu. Allez, ne comptez pas sur votre oncle, qni peut vivre vingt ans encore, ou vous déshériter, ou se ruiner. Je vous écrirai quand je le pourrai, pour vous dire que je vous aime, que je vous attends, que je me garde pour vous, afin de vous donner du courage dans les jours difficiles. Adieu, mon bien-aimé, mon mari, adieu!

Eugène parlait de revenir encore une fois avant de quitter Montreux; il supplia. Fanny fut inflexible. Il lui donna, pour lui écrire, l'adresse de Félix Duport, et, le lendemain matin, il arriva à Genève.

Il descendit chez Félix Duport, et, là, après un examen attentif fait par les deux amis, il fut décidé que l'habit gris, qui, à Montreux, avait été préféré à l'habit bleu, lui était devenu tout à fait inférieur, par suite des corvées de nuit qu'avait faites ledit habit gris, en montant et en descendant par les fenêtres, pendant les derniers jours passés à Montreux.

On mit donc l'habit bleu pour aller chez M. Saunders.

La place promise à M. Éloi Milbert pour

son neveu était occupée. M. Saunders avait attendu patiemment pendant quinze jours; mais il lui avait été impossible d'accorder un plus long délai; il avait écrit à Lausanne, et l'oncle Éloi lui avait répondu qu'il ne savait pas ce qu'était devenu son neveu, qu'il le remerciait beaucoup d'avoir attendu si longtemps, qu'il le suppliait de lui donner des nouvelles dudit neveu aussitôt qu'il le verrait; car on doit finir par arriver de Lausanne à Genève, quelque industrie que l'on ait pour allonger les chemins. Il ajoutait à cette prière celle de ne pas parler à Eugène de la sollicitude de son oncle.

Eugène Milbert, comme il se l'avouait parfois à lui-même s'exagérait de beaucoup les *sévérités* de son oncle. Éloi Milbert, à cinquante ans, se croyait encore un jeune homme : cela explique le peu d'importance qu'il pouvait accorder à un jeune garçon de vingt-deux ans, qui lui semblait un enfant. Eugène, de son côté, s'accordait trop libéralement cette importance qui lui était refusée, se considérait comme un homme mûr, et trouvait son oncle décrépit. L'oncle, ancien ami de M. Gautherot, avait obtenu la main de sa fille. M. Gautherot avait été séduit par les avantages d'argent que cette union apporterait à Fanny.

Les parents, et je parle des plus tendres, quand il s'agit du bonheur de leurs enfants, leur imposent de la meilleure foi du monde ce qui ferait leur bonheur à eux-mêmes, sans essayer même de se rappeler ce qui l'aurait fait quand ils avaient l'âge, les illusions et les passions qu'ils n'ont plus.

Éloi Milbert ne voyait pas sans quelques remords que, par son mariage, il enlevait à son neveu une grande partie de l'héritage sur lequel il devait compter; il ne voulait pas l'avoir pour témoin de ce qu'on pouvait, à la rigueur, appeler une folie; il pensait tout concilier en lui donnant les moyens de *se faire un avenir*, en lui faisant apprendre le commerce, et en lui donnant plus tard un petit capital, quand il aurait acquis les connaissances nécessaires pour le faire prospérer. D'ailleurs, ne pouvait-il pas arriver qu'il eût un enfant? et alors il fallait au moins qu'Eugène eût un état qui ne lui permît pas de tomber dans le besoin. En attendant, il ne fallait plus le bercer dans l'habitude de l'aisance et dans l'espoir d'un héritage qui allait lui échapper.

M. Saunders lui promit de tâcher de lui procurer de l'occupation.

Eugène se retira triste et embarrassé. Il ne voulait pas avoir recours à son oncle au moment où il venait de lui enlever sa future femme; il vendit sa montre, loua une mansarde, paya d'avance un loyer de quinze jours, et passa ses journées, en attendant une place, à écrire à Fanny de longues lettres qu'il n'avait aucun moyen de lui faire parvenir.

*Fanny Gautherot à Eugène Milbert.*

Je pense à vous, et je ne pense qu'à vous. Il n'y a pas un coin de cette maison où je ne vous retrouve. J'ai mis dans ma chambre cette petite table sur laquelle nous avons dîné ensemble. J'ai toujours dans l'eau fraîche quelques branches du chèvrefeuille qui couvre l'entrée de la terrasse de l'église. Votre amour m'entoure comme une autre atmosphère. Je passe à travers la vie sans en rien sentir. J'ai été plongée dans l'amour comme le héros grec dans le Styx; comme lui, je suis invulnérable.

Votre oncle est venu et a passé la journée ici. J'ai une peine horrible à ne pas le brusquer, et je ne suis pas bien sûre d'y réussir. On a parlé de votre passage ici, sans y attacher aucune importance. Je ne sais si vous êtes comme cela, vous autres hommes; mais, pour nous, quand nous aimons, il n'est rien qui excite notre mépris et notre haine comme l'amour d'un homme qui nous déplaît. Il nous serait impossible de trouver plus de dédain pour un voleur et un faussaire; c'est la note la plus haute de notre gamme. Un homme qui ne nous plaît pas est le plus criminel des hommes, et, si on nous eût confié la rédaction du Code pénal, ce crime eût été placé entre l'empoisonnement et le parricide.

Ma mère m'a fait beaucoup de reproches. J'ai jeté, en ballon perdu, quelques paroles contre ce mariage; mais elles ont été si mal accueillies, que c'est un moyen sur lequel il ne faut pas compter, que de tâcher d'attirer ma mère dans notre parti. Votre oncle m'a parlé des embellissements qu'il a fait faire pour moi à sa maison de Lausanne... Il m'a consultée sur plusieurs choses, et, comme j'éludais de donner mon avis, pour qu'il ne puisse pas dire plus tard que j'aie jamais consenti moi-même à ce ridicule mariage qu'il a inventé de complicité avec mes parents, il a beaucoup insisté pour savoir de quelle couleur je voulais que fût tendu le salon. Ma mère s'est mêlée de la conversation, et m'a pressée aussi. J'ai d'abord eu envie d'imiter la princesse du conte de *Peau-d'Ane,* qui demandait à son beau-père amoureux d'elle une robe *de la couleur du soleil,* et d'imposer à M. Éloi des prouesses qui pussent empêcher ou du moins retarder mon mariage. Mais j'ai fini par dire que j'avais vu, dans le temps, à Genève, un salon qui m'avait paru *ravissant,* que je ne me rappelais pas bien comment il était, mais que j'écrirais à l'amie chez laquelle je l'avais vu.

C'est sous ce prétexte que j'ai en ce moment la liberté de m'entretenir avec vous. Plaisanterie à part, je vois, avec une sorte d'effroi, qu'il me faudra bientôt me prononcer hautement contre ce mariage; mais, quoique je voie d'ici tout ce que j'aurai à essuyer de reproches, de bouderies, de persécutions, je ne céderai pas, et je me conserverai pour mon bien-aimé.

Adressez vos lettres à mademoiselle Élisabeth, chez M. Gautherot.

FANNY.

*Eugène Milbert à Fanny Gautherot.*

Votre lettre est arrivée bien à propos, mon cher ange; j'étais dans un jour d'abattement et de morne tristesse. Depuis que je vous ai quittée, rien ne me réussit; il semble que, dans la vie que je mène, je suis en proie à un de ces rêves où, en face d'un ennemi, le cœur plein de colère, on se sent les bras mous, languissants et sans force, et l'on porte ces coups inertes avec une épée qui prend tout à coup la légèreté d'une plume; mais, à la seule vue de ces caractères tracés par votre main, je me suis senti fort et déterminé, comme quand j'étais à Montreux.

Ce papier sur lequel vous écrivez, et que vous renfermez sans doute avec votre linge, a ce doux et vague parfum que l'on respire auprès de vous, et qui semble être votre haleine. Avec ce talisman, j'ai retrouvé tout mon courage, et je vais dès demain faire sans hésiter une démarche qui m'était désagréable. On dit que le sentier de la vertu est étroit, et il semblerait que je veuille arriver au bonheur par une grande route pavée et bordée d'ormes : je ne me laisserai plus donner par vous l'exemple de la résolution.

J'ai ri de votre idée de prendre mon oncle Éloi au mot dans ses airs d'Amadis et de le mettre à l'épreuve. S'il vous faut répondre relativement au salon de votre amie, il y a dans Rabelais trois lignes qui peuvent venir à votre secours ; les voici :

« Dont, par iuste perspetisue, yssoit une couleur innommée qui résiouyssoyt merveilleusement les yeulx des spectateurs. »

Demandez à mon oncle une tenture *précisément* de cette couleur. Cela nous donnera tout le temps dont nous avons besoin.

Écrivez-moi, mon cher ange, aussi souvent

que vous le pourrez, et répétez-moi sans cesse que, quoi qu'il arrive, vous vous garderez pour moi, non pas que je doute de vous un seul instant...

Ah! pourquoi vous mentir? pourquoi vous cacher ce que je souffre, quand vous seule possédez le secret de ma guérison? Hélas! je ne suis pas un moment sans penser à tout ce que l'on me prend de vous. Et puis j'énumère les efforts que l'on fera pour vous décider. Vous êtes préparée contre la colère et les menaces? Et qui sait combien de temps, combien d'années encore il s'écoulera avant que je puisse revenir dire à votre père :

— J'aime votre fille! je puis lui offrir une situation honorable!

Et, si je ne réussis pas, dois-je vous condamner à passer ainsi votre vie à m'attendre, vous qui avez tant de bonheur à donner et qui avez le droit d'en attendre tant?

. . . . . . . . . . . . . . . . . . . .

On vient me chercher de la part d'un M. Saunders, auquel mon oncle m'avait recommandé. Je comptais aller le voir demain, quoiqu'il m'ait reçu plus que froidement lors d'une première visite. Je ferme ma lettre. L'entretien qu'il me demande ne peut avoir rapport qu'à *nos* affaires, qu'à une place pour moi.

Je cours chez lui.

Adieu, mon ange ; je suis sûr que je sais quand vous pensez à moi : il doit, à ces moments-là, m'arriver quelque chose d'heureux.

EUGÈNE.

---

Fanny ne racontait pas à beaucoup près à Milbert tous les chagrins qu'elle éprouvait déjà, ni ceux qu'elle prévoyait dans l'avenir.

La servante de la maison avait vu sortir Eugène la nuit que les deux amants s'étaient dit adieu ; et, un jour que Fanny la réprimanda de n'être rentrée que fort avant dans la nuit, elle répondit avec assurance :

— C'est que les personnes que j'ai à voir ne viennent pas me trouver par la fenêtre.

Fanny devint si pâle à ces paroles, que cette fille en fut épouvantée, et qu'elle ajouta :

— Rassurez-vous, mademoiselle, je n'ai jamais dit un mot à personne.

Fanny, dans son trouble, la tête égarée, lui mit dans les mains tout ce qu'elle avait d'argent. De ce jour, elle fut dans la dépendance d'Élisabeth, obligée d'atténuer ses fautes aux yeux de madame Gautherot, de l'aider même à sortir ou à rentrer à des heures indues.

Elle ne tarda pas à s'apercevoir d'un dérangement dans sa santé, que, dans son ignorance, elle attribua au chagrin. Sa mère lui dit plusieurs fois :

— Mais qu'as-tu, Fanny? Comme tu es pâle! As-tu mal? où souffres-tu?

Mais, un matin, Élisabeth lui dit :

— Mademoiselle, il faut prendre un parti ; nous ne pourrons bientôt plus cacher à votre mère...

— Quoi donc, Élisabeth?

— Mademoiselle veut rire...

— Non, vraiment...

— Comment! mademoiselle ne saurait pas...?

— Quoi donc? qu'est-ce que nous ne pourrons pas cacher à ma mère?

— Eh! mademoiselle, l'état où vous êtes...
qui n'est plus un mystère que pour vous, ce qui
est bien singulier, et pour madame Gautherot.

— Oh! mon Dieu! que voulez-vous dire, Élisabeth?

— Que mademoiselle est grosse, et qu'il est
bien étonnant...

Fanny était tombée à la renverse sur le parquet. Quand elle revint à elle, elle écrivit à Milbert :

« Ce n'est plus la poste qui vous porte cette
lettre, mon ami, c'est un exprès qui a ordre de
faire toute la diligence possible. Tous nos projets sont détruits; tout est changé; il faut que
vous arriviez cette nuit à Montreux... que je
m'enfuie avec vous... que je disparaisse jusqu'au
jour où je pourrai me montrer comme votre
épouse. Venez bien vite! votre triste Fanny souffre un horrible martyre de crainte et de honte.
Venez, venez la sauver! »

Elle prit un prétexte pour ne pas descendre
déjeuner. Son père et sa mère dînaient chez
M. Rignoux. Elle passa toute la journée renfermée dans sa chambre, agitée par une fièvre vio-

lente; par moments, restant assise sans mouvement; puis, tout à coup, se levant et réunissant dans une petite caisse les objets qui lui étaient indispensables pour sa fuite.

Le porteur de la lettre revint. Fanny dit à Élisabeth de la laisser seule avec lui. Elle ne voulait pas lui faire voir sur son visage tout ce qu'elle éprouvait d'horribles angoisses.

Élisabeth sortit de mauvaise humeur.

— Mademoiselle, dit le commissionnaire, le monsieur n'y était pas. Mais voici une lettre de lui qu'on allait mettre à la poste pour vous. Je m'en suis chargé.

Fanny prit la lettre en tremblant, et en rompit le cachet avec l'émotion que doit éprouver un homme qui appuie sur la détente du pistolet placé sur son front.

Voici ce qu'elle contenait :

« Je pars dans quelques heures; M. Saunders me faisait appeler pour me proposer une mission importante. Si elle réussit, ce sera une bonne affaire pour nous. Cela me mettra en voie de gagner un peu d'argent, et, d'ici à un an ou deux, d'avoir une position convenable. Adieu, mon ange, adieu, ma femme chérie! Je pars plein de courage et de joie; je vais en France, à Lyon d'abord, puis à Paris. Adieu! »

Fanny resta quelques instants atterrée, puis dit au commissionnaire :

— C'est bien.

Elle le paya et il sortit. Élisabeth rentra aussitôt en disant :

— Eh bien, mademoiselle?

Fanny lui répondit :

—- Tout va s'arranger. Laissez-moi seule.

Une fois seule, la pauvre fille examina tout ce qu'il y avait d'horrible dans sa situation. Dans son trouble, elle n'avait pas songé à la façon dont elle se compromettait vis-à-vis du messager. D'ailleurs, elle croyait partir la nuit même. Cet homme et Élisabeth savaient tous deux son secret. Et, d'ailleurs, tout le monde ne le savait-il pas? Elle se rappelait les paroles de sa servante : *Il n'y a que votre mère et vous qui l'ignoriez.* Elle en avait donc entendu parler; elle savait donc que d'autres s'en étaient aperçus! Chaque jour, d'ailleurs, lui donnerait de nouveaux confidents; et puis à la fin, que faire? que devenir?

La fuite seule était possible avec Milbert. Mais l est parti, parti pour longtemps, parti *heureux !* Pauvre fille ! seule, sans appui, sans conseils, sans secours ! Son père la tuerait, sa mère ne saurait en faire un mystère à son mari. La conclusion de toutes ces pensées fut celle-ci :

— Je suis perdue !

Puis elle se disait :

— Mais c'est impossible, c'est un rêve affreux ; tant d'événements depuis un jour, cela n'arrive pas ainsi dans la vie réelle. Je vais me réveiller... Mais non, c'est vrai, tout est vrai ; je suis perdue et déshonorée, seule, abandonnée de Milbert. O mon Dieu, comment se fait-il que ce qui m'aurait donné tant de bonheur, dans un an peut-être, soit aujourd'hui un sujet de désespoir et un arrêt de mort ?

Elle se jeta à genoux et pria. Puis elle se releva :

— Pourquoi prier ? qu'ai-je à demander à Dieu ? Maintenant, tout est fini, je suis perdue ! Il faut mourir... il faut mourir ! Pauvre Eugène, quand il saura cela !... Sa femme et son enfant !... Nous aurions été si heureux !

3.

Elle pleura; puis, tout à coup :

— Oui ; mais cette fille, cette odieuse confidente, cet homme, tout le monde!... Je n'oserais plus sortir de la maison; et ma mère, mon père!... je n'oserais plus sortir de ma chambre ; d'ailleurs, ils me maudiront, ils me chasseront. Je n'ai plus d'asile que dans le sein de Dieu... et lui-même ne me repoussera-t-il pas? Il n'y a pas un seul devoir auquel je n'aie manqué, et c'est par un nouveau crime que j'échappe à ma punition sur la terre.

Elle ouvrit son livre de prières pour y chercher des pensées sur la mort et sur la miséricorde de Dieu, et elle lut :

*Ordre pour la sépulture des morts.*

« Cet office ne doit point se dire pour ceux qui meurent sans avoir été baptisés, ni pour les excommuniés, ni pour *ceux qui se sont défaits eux-mêmes.* »

— O mon Dieu ! l'Église elle-même me refusera des prières ; mon Dieu! qui priera pour moi?

Elle pleura encore longtemps ; puis tout à coup elle releva la tête, elle repassa encore dans sa mémoire tous les malheurs et toute la honte qui s'étaient amassés sur elle, et elle dit :

— Mon Dieu! vous voyez bien qu'il faut que je meure.

A ce moment, madame Gautherot entra dans sa chambre ; elle l'avait vue pâle et abattue depuis plusieurs jours ; elle était inquiète, et le fut bien davantage en la revoyant baignée de larmes. Elle la prit dans ses bras, la caressa, lui demanda affectueusement ce qu'elle souffrait. A ce moment, Fanny eut envie de se jeter à ses pieds et de lui tout avouer ; mais madame Gautherot ajouta :

— Dis-moi ce que tu as, ma chère enfant ; tu ne peux rien avoir à te reprocher de ces choses qu'une mère ne peut pardonner. Je suis sûre que c'est quelque folie que tu t'exagères. Toi, si sage, toi dont je disais encore aujourd'hui à dîner, chez les Rignoux, que, si ce n'était pour le monde, je te confierais à toi-même ta propre surveillance, tant je suis sûre de toi.

— Allons, allons, pensa Fanny, plus de lâcheté, il faut mourir... Ma mère, dit-elle, j'ai appris la mort d'une amie avec laquelle j'ai été en pension à Genève, et, chaque nuit, je suis tourmentée de rêves affreux ; je voudrais faire dire des prières pour elle.

— Quoi! dit madame Gautherot, c'est là le sujet de ton chagrin? Pauvre enfant ! que ne le disais-tu plus tôt! tu serais venue coucher près de moi, on aurait tâché de te distraire. Tiens, je t'aurais forcée de venir chez les Rignoux; le dîner a été très-gai.

— Ma mère, je voudrais faire dire des prières pour cette pauvre fille.

— Eh bien, mon enfant, nous irons demain matin chez le ministre.

— Veux-tu y venir, ce soir, ma mère? Je dormirai mieux cette nuit.

— Il est bien tard ; mais, si tu le veux absolument...

— Ma mère, que tu es bonne! Tu n'en parleras pas à mon père, n'est-ce pas ?

— Non, il dirait que nous sommes deux folles. Dépêchons-nous.

Fanny mit un châle et un chapeau, et sortit

avec sa mère. Elle avait insisté pour faire cette démarche le soir, parce que, depuis la révélation que lui avait faite sa servante, il lui semblait que tout le monde voyait sa honte. Elle s'enveloppait dans son châle avec soin, et marchait si vite, que sa mère pouvait à peine la suivre.

On arriva chez le ministre, qui allait se coucher. Madame Gautherot lui expliqua qu'une amie de sa fille était morte à Genève, qu'elle en était fort tourmentée depuis plusieurs nuits, et qu'elle désirerait qu'on dît dans l'église quelques prières pour la morte.

Le ministre dit que rien n'était plus facile, et demanda s'il leur serait indifférent que ces prières fussent dites dans l'après-dînée. Fanny pensa avec une triste satisfaction qu'elle n'aurait plus à sortir le jour.

Elles remercièrent le ministre et rentrèrent sans que M. Gautherot eût pu s'apercevoir de leur absence. Fanny embrassa sa mère avec une étreinte convulsive, que celle-ci attribua à sa reconnaissance pour la démarche qu'elle venait de faire.

— Pauvre mère, dit-elle lorsqu'elle fut seule, quand elle saura que c'était pour sa fille qu'elle allait demander des prières !

Élisabeth entra sous prétexte de la déshabiller, mais pour lui dire :

— Eh bien, mademoiselle, vous venez de chez le ministre avec votre mère ; tout va donc bien ?

— Oui, Élisabeth, tout va bien.

— Votre mère consent donc au mariage ? J'en suis bien contente, voyez-vous ; car, maintenant, puisque c'est arrangé, je puis vous le dire : on parlait dans le pays, et si mal, que j'avais envie de quitter la maison. Sait-*il* que votre mère consent ?

— Laissez-moi, Élisabeth, et couchez-vous ; j'ai à écrire... Vous le voyez bien, mon Dieu ! dit-elle en joignant les mains quand elle fut seule, vous le voyez bien, mon Dieu, qu'il faut que je meure.

Elle écrivit à Eugène Milbert.

« Eugène, lui disait-elle, quand vous lirez cette lettre, le cœur qui vous aimait tant aura cessé de battre ; c'est aujourd'hui mercredi, et il est dix heures du soir : demain, jeudi, à dix heures du soir, la main qui trace ces lignes sera glacée ; demain, je serai morte, j'aurai expié notre faute en cette vie, et je saurai quelle expiation je dois dans l'autre.

» Eugène, nous avons été bien coupables ; mais je vous aimais tant, et vous étiez si heureux !

» Ce que j'ai souffert depuis que je connais les suites de ma faute, depuis que ma honte est publique, ce que j'ai souffert est tellement horrible, que j'espère que Dieu s'en contentera pour me pardonner.

» Si vous aviez été là, je me serais enfuie avec vous, j'aurais vécu dans le crime, et je vois avec effroi tout ce que j'y aurais trouvé de bonheur ; je ne me serais peut-être pas repentie ; votre absence, qui m'a donné tant de désespoir, est peut-être une permission de Dieu pour que je meure repentante et punie.

» Eugène, je vous ai bien aimé : la légèreté de mon esprit n'ôtait rien au sérieux de mon cœur ; priez pour moi, et, si Dieu me pardonne, je prierai pour vous dans le ciel. »

Elle passa le reste de la nuit à songer à la mort ; elle se représentait tour à tour le moment où l'on retrouverait son corps, — elle avait résolu de se jeter dans le lac,— le désespoir de sa mère, celui de Milbert ; elle priait Dieu de lui permettre de voir ses regrets et de les adoucir.

— Si notre âme, pensait-elle, peut revenir sur la terre, je resterai près de lui.

Puis elle regardait son corps, et se disait :

— Morte !... je serai morte... froide, insensible !

Puis elle pleurait et pensait à parler à sa mère, puis elle se rappelait les paroles d'Élisabeth et se disait :

— Il faut mourir !... il faut mourir.

Le matin, elle s'endormit, épuisée de fatigue.

Quand elle se réveilla, elle espéra un moment encore que tout ce qu'elle avait éprouvé la veille était un songe ; mais elle remit ses idées en ordre, et l'affreuse réalité lui apparut tout entière ; elle se rappela toute sa vie, surtout depuis la première fois qu'elle avait vu Milbert ; ses yeux tombèrent sur cette table sur laquelle ils avaient dîné tous les deux.

— *Cela* va bien accroître ce préjugé, dit-elle ; on dira que, malgré la séparation des tables, nous étions treize à dîner, et que quelqu'un devait mourir dans l'année... Morte ! redisait-elle encore ; ce n'est plus demain, c'est aujourd'hui, dans quelques heures, ô ma mère !

Et un frisson d'horreur lui parcourait le corps.

Vingt fois dans la journée, elle pensa à sa mère ; elle voulut tout avouer et ne pas mourir ; vingt fois, debout pour descendre, elle retomba sur son fauteuil, plus effrayée encore de ce qu'elle avait à dire que de la mort.

A dîner, son père lui dit :

— J'espère que tout ce trouble aura disparu demain.

Madame Gautherot lui dit :

— J'ai tout conté à ton père, il ne m'a pas trop grondée.

Et Fanny pensa que, si elle avait dit la vérité à sa mère, M. Gautherot l'aurait apprise de même.

— J'attends Éloi aujourd'hui, ajouta M. Gautherot; probablement nous ne le verrons que demain.

— Il ne me verra pas, se dit Fanny. Il ne verra pas ma honte.

Après le dîner, elle annonça qu'elle allait à l'église.

— Veux-tu qu'Élisabeth t'accompagne? demanda sa mère.

— Merci, ma mère, j'aime mieux être seule.

Elle embrassa sa mère avec effusion, et aussi son père, quoique ce ne fût pas son habitude; puis elle sortit.

Le soleil se couchait, et le lac était parsemé de glacis bleus et jaunes.

— O mon Dieu! dit-elle, ce lac, que j'ai tant de fois admiré, devait donc être mon tombeau!

Elle frisssonna, s'appuya contre un arbre.

— Que cela est beau! dit-elle; que la nature est majestueuse! quel beau cadre pour le bonheur et pour l'amour!

Elle entra dans l'église; le prêtre n'y était pas encore; il ne tarda pas à arriver. Il n'y avait personne qu'un vieille femme qui, la tête basse, marmottait des prières entre les dents. On alluma deux cierges, et le ministre commença les prières du culte protestant.

L'église de Montreux est, au dedans comme au dehors, d'une noble simplicité. La voûte est formée d'arceaux gothiques peints en gris, je ne sais trop pourquoi, sur le reste du bâtiment, qui est blanc. A moitié de la hauteur est une galerie avec des balustres ; il y a un beau buffet d'orgues et une chaire en bois sculpté ; mais elle était, ce soir-là, vide et silencieuse.

Voici les paroles du prêtre :

« O Dieu très-puissant et très-miséricordieux, ne nous livre point aux douleurs de la mort éternelle.

» Sois-nous propice, mon Dieu ; ne permets pas qu'à notre heure dernière nous soyons séparés de toi, quelque douleur de mort que nous endurions.

» Puisqu'il plaît à Dieu, en sa grande miséricorde, de retirer à lui l'âme de notre très-chère sœur, nous déposons son corps dans le sépulcre, la terre à la terre, la poussière à la poussière. »

Puis on chanta :

« Bienheureux sont les morts, car ils se reposent.

» Seigneur, ayez pitié de nous.

» Dieu tout-puissant, avec qui vivent les esprits de ceux qui meurent, nous te rendons grâces de tout notre cœur de ce qu'il t'a plu de retirer notre sœur des misères de cette vie et de ce temps.

» Nous ne devons pas nous affliger à l'égard de ceux qui dorment dans le tombeau, comme si nous n'avions pas d'espérance.

» Venez, les bénis de mon père, posséder en héritage le royaume qui vous a été préparé dès la création du monde. »

Ces dernières paroles, qui sont la fin de la prière pour les morts, dans la liturgie protestante, furent prononcées par le ministre d'une voix pleine et majestueuse, tandis qu'il avait doucement psalmodié ce qui précède.

Fanny, la tête déjà troublée par les terribles émotions auxquelles elle avait été en proie, crut entendre la voix du fils de Dieu qui l'appelait; elle sortit de l'église, pâle, répétant convulsivement toutes les prières qu'elle avait apprises dans son enfance. Il faisait alors tout à fait nuit. Elle descendit par le chemin qui gagne la route de Genève; là, elle aperçut le lac calme, noir, silencieux ; elle fut saisie d'horreur ; elle tomba à genoux.

— O Milbert, dit-elle, adieu ! adieu !... Mon Dieu, ayez pitié de moi ! Mon Dieu, mon Dieu ayez pitié de moi !

Et, sans regarder plus longtemps le gouffre qui allait lui servir de sépulture, elle croisa ses bras sur sa poitrine et se précipita dans le lac.

D'ordinaire, les poëtes racontent, dans les scènes de ce genre, que la nature est en deuil, que le ciel se voile, que les branches des arbres s'abaissent. Historien véridique, je suis forcé de dire que la nuit resta belle et sereine, que les étoiles continuèrent à scintiller, que le chèvrefeuille de la terrasse de Montreux ne cessa pas d'exaler son parfum, et qu'un rossignol caché sous ses fleurs n'interrompit pas sa chanson amoureuse.

Aux yeux de la nature, la plus charmante femme du monde qui disparaît dans le lac de Genève, ce n'est rien de plus que cette mouche qui se noie dans votre verre.

### SIX MOIS APRÈS

Six mois plus tard, Eugène Milbert arrivait à Lyon en diligence et ne trouva de place pour Genève que pour le lendemain ; il fut vingt fois sur le point de partir à pied, mais il pensa que cela ne le ferait pas arriver plus tôt. Il entra dans un café pour y passer la soirée ; il se mit dans un coin, se fit servir un pot de bière et alluma un cigare, étranger à ce qui se passait autour de lui, entièrement livré à ses souvenirs, à ses craintes, à ses espérances.

Deux hommes jouaient au billard.

Milbert les regarda un moment, surtout pour comprendre le sens d'un langage bizarre qui frappait ses oreilles pour la première fois.

— Parbleu ! disait l'un après avoir poussé la bille de son adversaire juste sur la bande du billard, *mangez un peu de drap, ma belle.*

L'autre frotta l'extrémité de sa queue de billard au plafond, pour l'enduire de plâtre et l'empêcher de glisser, et dit :

— *Un peu de plafond*, s'il vous plaît... Ah !

ah! à votre tour *à manger du mérinos, Célestine*, ajouta-t-il en voyant que la bille de son joueur était à son tour sous la bande.

Le premier rejoua, et dirigea la bille de son adversaire vers une des blouses; mais, comme elle ne paraissait pas devoir y arriver, il lui parlait, en balayant de la main le chemin qu'elle avait à faire :

— *Allons, vigoureuse, allons!*

— Vous avez beau faire, disait l'autre, vous avez joué de *taf*.

Plus tard, une discussion s'éleva entre eux sur un coup contesté ; ils convinrent de s'en rapporter à *la galerie* : la *galerie* était Milbert, qui, depuis longtemps, ne faisait plus la moindre attention à leur jeu.

— Monsieur, dit un des joueurs, voulez-vous nous dire votre opinion sur le coup ?

— Monsieur, je n'ai pas vu le coup.

— Monsieur, c'est impossible.

— Je vous dis, monsieur, que je n'ai pas vu le coup.

Milbert se leva, paya sa dépense au café, et alla continuer dehors de fumer son cigare et de se livrer à ses rêveries. Son cigare éteint, il voulut en allumer un autre ; il aperçut dans l'ombre comme une petite étoile rouge, à peu près à cinq pieds du sol ; il pensa que c'était le bout allumé du cigare d'un autre fumeur, qu'il ne voyait pas à cause de la nuit. Il se dirigea vers cet astre comme les rois mages suivirent l'étoile qui les mena à Bethléem ; il ne tarda pas à le rejoindre, et dit à la personne qu'il supposait être derrière :

— Voulez-vous me donner du feu ?

L'étoile rouge descendit tout à coup jusqu'à deux pieds et demi du sol, et une voix partant de la hauteur où était précédemment l'étoile dit d'un ton rauque :

— Ah ! parbleu ! vous voilà ! je vous cherchais.

Milbert comprit que son interlocuteur avait ôté son cigare de sa bouche et le tenait à la main.

— C'est possible, répondit-il ; mais comment me reconnaissez-vous ?

— C'est vous qui faisiez la galerie au billard tout à l'heure ?

— C'est moi qui ai quitté le café précisément pour éviter ce rôle.

— Je vous cherchais pour vous dire que vous êtes un mal-appris.

— Et moi, je vous évitais pour ne plus vous voir et ne plus vous entendre.

— Oh! vous êtes un insolent!

Et l'étoile rouge tomba à terre et s'éteignit, la main qui la portait ayant autre chose à faire. Elle s'étendit en avant pour donner un soufflet à Milbert, dont elle atteignit seulement le chapeau.

Celui-ci se rua sur son agresseur; on sortit du café avec des flambeaux, on les sépara. Il fut convenu qu'on tirerait l'épée le lendemain. Le lendemain Milbert fut blessé, et, de son lit, écrivit à Félix Duport :


« Mon cher Félix, me voici de retour à Lyon, aussi peu avancé qu'il y a six mois quand j'ai quitté Genève, si ce n'est qu'un drôle m'a donné un coup d'épée ce matin et m'a déchiré hier au soir mon habit gris; ce qui à l'avenir dissipera mes incertitudes et fixera inévitablement mon choix sur mon habit bleu.

» Rien ne m'a réussi ; j'ai quitté Paris, et j'ai même cessé de donner de mes nouvelles à M. Saunders. Avant de prendre une résolution, il faut que je sache bien vite ce qui s'est passé pendant mon absence; envoie-moi courrier par courrier les lettres qui sont venues à mon adresse.

» Tout à toi. »

*Félix Duport à Eugène Milbert.*

« J'espère que ta blessure n'est pas dangereuse ; sans cela, je quitterais tout pour aller auprès de toi : tu aurais peut-être dû me renseigner à ce sujet. Voici deux lettres qui sont arrivées aussitôt après ton départ : la première par un exprès; la seconde deux jours après, par la poste. Ton oncle a envoyé plus de vingt fois demander de tes nouvelles. M. Saunders a d'abord répondu que tu étais en France, sans qu'il pût dire dans quelle ville, tes instructions te devant en faire visiter plusieurs, puis ensuite qu'il ne savait plus où tu étais. Ton oncle a fort recommandé à

M. Saunders de lui communiquer les premières nouvelles qu'il aurait de toi. A moi, il m'est venu en personne prier de lui confier ces lettres qui étaient venues pour toi. Comme j'ai prévu qu'il insisterait si je me bornais à un refus, j'ai répondu que je n'avais reçu aucune lettre.

» — Je suis sûr, a-t-il répliqué, qu'il en a été envoyé.

» — Et moi, ai-je dit, je suis sûr qu'il n'en est pas parvenu.

» Il s'est retiré en répétant plusieurs fois :

» — C'est étonnant, c'est bien étonnant ! »

A cette lettre de Félix Duport étaient jointes les deux lettres de Fanny. Milbert, après les avoir lues, se leva brusquement de son lit, voulut s'habiller pour partir et retomba sans connaissance.

Revenu à lui, il écrivit à Duport :

« Je t'envoie les deux lettres que renfermait la tienne ; lis-les, et juge de mon désespoir ! J'ai voulu partir, cela est impossible ; en sortant du lit, je suis retombé sans mouvement. Au nom du ciel, cours à Montreux ! va t'assurer de cet horrible malheur que tout me démontre n'être que trop certain, et écris-moi, écris-moi vite, ne me cache rien... Cours, ne perds pas une seconde, je t'en prie à genoux. »

La lettre partie, Milbert fut saisi d'une fièvre violente et d'un délire qui mirent sa vie en danger pendant plusieurs jours; il parlait de Fanny, demandait s'il était venu des lettres pour lui, parlait de son mariage, appelait Félix.

Enfin, quand il fut plus calme, on lui remit une lettre, arrivée déjà depuis deux jours; elle était de Félix Duport.

*Félix Duport à Eugène Milbert.*

Calme-toi, console-toi, la tragédie n'a pas eu de cinquième acte ; il n'y a personne de mort; j'arrive de Montreux, où j'ai eu les renseignements que voici :

Je descendis à l'auberge, la seule, je crois, du pays; je demandai à dîner, et je fis causer l'hôte sur divers sujets ; puis je lui demandai s'il pouvait me dire la vérité sur certaines choses que l'on m'avait racontées de la famille Gautherot.

— Là-dessus, monsieur, me dit-il, on a fait bien des récits sur eux, il y a cinq ou six mois, et je pourrais me tromper si j'essayais de vous les conter aujourd'hui.

— Mais enfin, dis-je, n'est-il pas arrivé un malheur à leur fille ?

— Ah ! mademoiselle Fanny ? Il lui est arrivé plusieurs malheurs, à ce qu'on disait, car je ne vous garantis rien ; le dernier est d'être tombée dans le lac, d'où elle a été retirée, plus d'à moitié morte, par un voyageur. Quelques personnes disaient qu'elle s'y était jetée volontairement ; mais que ne dit-on pas ? Du reste, si monsieur est curieux d'en savoir davantage, il n'a qu'à demander, à Genève, mademoiselle Élisabeth, domestique chez M. Phélippaux, qui était, à cette époque, au service de la famille Gautherot.

Je t'envoie bien vite ceci ; je te dirai dans une seconde lettre ce que je saurai par mademoiselle Élisabeth.

4.

*Félix Duport à Eugène Milbert.*

J'ai trouvé mademoiselle Élisabeth, et voici son histoire :

— Monsieur, m'a-t-elle dit, je m'étais bien aperçue que M. Milbert, le neveu, venait la nuit voir mademoiselle et montait par la fenêtre; la pauvre fille, malgré cela, était l'innocence même; car elle fut bien étonnée, je vous assure, quand je lui appris qu'elle était grosse. Elle écrivit alors à M. Eugène, mais il était parti; je n'ai su cela qu'après; car, à moi, elle me dit que tout allait bien, que tout allait s'arranger, qu'on allait les marier, etc. Elle avait l'air aussi tranquille et aussi calme que jamais; seulement, elle était très-pâle; mais la pauvre petite n'avait plus guère de couleurs depuis quelque temps. Le soir, après dîner, elle alla à l'église, puis la nuit vint, et je ne la vis pas rentrer; mais je n'étais pas inquiète; je me disais :

» — C'est que les prières sont longues aujourd'hui.

» Madame Gautherot se coucha, et me dit :

» — Élisabeth, vous irez chercher Fanny à l'église.

» Je pris une lanterne et je me dirigeai vers l'église ; elle était fermée, et je me disais :

» — Il faut que mademoiselle soit passée à côté de moi !

» Lorsqu'un homme me frappa sur l'épaule en m'appelant par mon nom.

» — Élisabeth, me dit-il, est-ce vous ?

» — Oui, monsieur Éloi, lui dis-je ; car j'avais reconnu M. Éloi Milbert, l'oncle.

» — C'est bien, dit-il, attendez-moi là, et ne faites aucun bruit ; votre jeune maîtresse est malade, et je la ramène avec un homme que j'ai rencontré ; il faut que nous rentrions chez vous sans qu'on nous voie.

» — Oh ! mon Dieu, monsieur Éloi, tout le monde dort, rien n'est plus facile.

» — C'est bien.

» Il retourna sur le chemin, puis il revint avec un homme qui soutenait ou plutôt portait mademoiselle Fanny. Elle était enveloppée dans un grand manteau à M. Milbert.

» — Tenez, mon ami, dit-il à cet homme, voici pour vous; allez chercher mon cheval et amenez-le à l'auberge. Surtout ne parlez à personne de ce que vous avez vu.

» A nous deux, nous ramenâmes mademoiselle Fanny; elle tremblait de tous ses membres.

» — Il faut, me dit M. Milbert, lui bassiner vite un lit et la coucher.

» — Je lui obéis, et c'est seulement en ôtant e manteau pour la déshabiller que je vis qu'elle sortait de l'eau.

» — Elle sera sans doute tombée dans le lac, en se promenant, me dit M. Milbert; la nuit est si noire!

» Et, en me disant cela, il me mit trois louis dans la main. Je compris que ce qu'il me disait là n'était peut-être pas ce qu'il croyait, mais ce qu'il fallait que je crusse. Je répondis :

» — Oh! oui, si noire!

» Quand elle fût couchée, elle reprit peu à peu ses sens, puis elle dit quelques mots sans suite. M. Éloi me dit de le laisser seul avec elle. Je le fis sans difficulté, après avoir allumé un grand feu; car M. Milbert était lui-même fort mouillé. Ils causèrent presque toute la nuit. Je voulus d'abord écouter, *par intérêt pour mademoiselle Fanny ;* mais je ne pus rien entendre, si ce n'est qu'elle pleurait beaucoup. Avant le jour, M. Milbert s'en alla, en lui disant :

» — Allons, calmez-vous, je me charge de tout.

» Elle prit une de ses mains et la baisa. A moi, il me dit :

» — Vous ne m'avez pas vu.

» Le lendemain, M. Milbert arriva, comme de Lausanne. M. Gautherot était sorti dès le matin, selon sa coutume. Quand il rentra il dit :

» — J'arrive tard ; c'est qu'on me racontait une singulière histoire : on parlait d'une jeune fille qu'on a repêchée hier au soir dans le lac. Il y a réellement des parents qui ne voient rien.

» M. Milbert fit signe à M. Gautherot de me faire sortir, et, comme je restai un peu en dehors de la porte, j'entendis M. Éloi qui disait à M. Gautherot :

» — Et savez-vous qui est cette fille ?

» — Non, répondit M. Gautherot.

» — Eh bien, c'est la vôtre, dit M. Milbert.

» Madame Gautherot jeta un cri ; M. Gautherot se leva et retomba assis, et, comme je pensai que quelqu'un allait peut-être sortir, je m'éloignai de la porte.

» Voilà tout ce que j'ai su par moi-même, monsieur, me dit alors mademoiselle Élisabeth, parce que, deux jours après, on a congédié toute la maison ; et M., madame et mademoiselle Gautherot ont traversé le lac et sont partis pour l'Italie avec M. Éloi Milbert.

— Mais, lui dis-je, qu'est devenue mademoiselle Gautherot ?

— On m'a dit qu'ils étaient revenus depuis une quinzaine de jours, qu'ils demeurent tous chez M. Éloi Milbert, et qu'il appelle mademoiselle Fanny madame Milbert. Il est arrivé ce que j'avais bien prévu ; la petite personne s'est décidée à épouser l'oncle, et, celui-ci, aveugle comme les vieillards quand ils s'avisent d'être amoureux, a accepté un héritier tout fait. Quelques personnes ont dit que mademoiselle lui avait tout avoué, et qu'il l'avait épousée la même chose : cela me paraîtrait un peu fort.

Voilà donc, mon cher Eugène, ton roman

fini par un dénoûment qui ne répond pas à la poésie du commencement ni à la tristesse du milieu. Ne t'afflige pas trop de l'infidélité de ta maîtresse : la pauvre fille ne pouvait guère faire autrement ; et, d'ailleurs, si elle avait passé sa vie à t'attendre, triste, honteuse, solitaire, il est plus que probable que tu aurais trouvé en France ou ailleurs quelque bonne occasion, et que tu l'aurais abandonnée pour épouser une autre femme. Il est bien rare que ces romans-là finissent comme dans les livres. Le commencement seul ne coûte rien, et on s'y embarque volontiers.

Que vas-tu faire maintenant? J'espère que ta blessure n'est rien. Viens jusqu'ici, et nous causerons. Il est assez maladroit d'avoir fait à une fille qui devient ta tante un enfant qui se trouve être ton cousin et te déshérite. Je ne pense pas que, pour cela, ton oncle veuille t'abandonner ; peut-être, au contraire, saisira-t-il une occasion de réparer l'espèce d'injustice qu'il croit te faire.

A toi. Félix.

---

A peine cette lettre était-elle partie, que M. Éloi Milbert arriva chez Félix Duport.

— Monsieur, lui dit-il dès la porte, est-il vrai que mon neveu soit ici?

— Non, monsieur, dit Félix Duport; il est à Lyon avec un coup d'épée, et je viens de lui écrire.

— Monsieur, il faut que nous allions à Lyon tout de suite.

— Je le veux bien, monsieur.

— Voulez-vous faire demander une voiture et des chevaux?

— Tout de suite.

— Oh! mon Dieu! et des passe-ports!

— Vous n'en avez pas?

— Non.

— Ni moi non plus... Il faut en demander; mais nous ne les aurons que demain, et alors nous pourrons prendre tout simplement la diligence.

— Je vais aller retenir les places.

— Je vais aller avec vous pour demander les passe-ports.

Le lendemain au soir, ils partirent de Genève; le surlendemain, de bonne heure, ils étaient à l'hôtel d'Eugène.

— M. Milbert?

— Parti.

— Comment, parti?

— Parti d'hier au soir.

— Où est-il allé?

— En Amérique.

— En Amérique?

— C'est tout ce qu'il nous a dit.

— Il n'a rien laissé?

— Une lettre pour un M. Félix Duport, que l'on doit avoir mise à la poste. — Eh! Joseph, avez-vous mis à la poste cette lettre pour Genève?

— Non, pas encore.

— Monsieur, cette lettre est pour moi; en voici la preuve sur mon passe-port.

— Eh bien, monsieur, voulez-vous vous charger également d'un vieil habit que ce monsieur avait donné à raccommoder, et qu'il n'a pas attendu?

— Volontiers.

— Il est dû trois francs à l'ouvrier qui l'a raccommodé.

— Les voici.

Quand l'oncle Éloi et Félix furent dans la rue, ils ouvrirent la lettre.

« Mon cher Félix, je pars désespéré; je ne sais si je n'étais pas moins triste quand je l'ai crue morte. Le but de ma vie est manqué. Je n'aurai pas recours à mon oncle, que je hais maintenant. Un négociant veut m'emmener en Amérique, pour tenir les écritures à bord de son navire et dans sa maison. Je pars dans quelques heures, quoique je ne sois qu'à peu près guéri. Peut-être ne reverrai-je jamais la Suisse! Je n'oublierai pas toutes les preuves d'amitié que j'ai reçues de toi. » Ton ami.

» Adieu. » Eugène. »

L'oncle Éloi paraissait atterré, et répétait sans cesse :

— En Amérique!

— J'aime autant cela, se disait Félix; il reviendra calme et guéri de son amour.

— Ah! monsieur !... dit l'oncle.

Mais on vint les avertir que la diligence repartait pour Genève, et, comme ils n'avaient rien de plus à faire à Lyon, ils remontèrent en voiture.

---

Il se passa une année, pendant laquelle les choses suivirent leur cours ordinaire. Félix Duport avait succédé à son père dans sa maison de commerce et faisait d'assez bonnes affaires. L'oncle Éloi lui écrivait de temps en temps :

— Avez-vous des nouvelles de mon neveu ?

A quoi l'autre répondait :

— Pas encore.

Un matin, un homme demanda à parler à M. Félix Duport, et refusa de dire son nom pour qu'on l'annonçât.

— Dites-lui seulement que c'est quelqu'un qui espère n'avoir pas besoin d'être annoncé.

— Ce ne peut être qu'Eugène, dit Félix Duport.

Et il vint le chercher dans l'antichambre.

Il n'y avait pas besoin de demander à Milbert l'état de ses affaires. Il avait la figure amaigrie et hâve ; son habit bleu, toujours le même, était dans un état tout à fait déplorable.

Après qu'ils se furent embrassés, il dit :

— Fais-moi donner à déjeuner, j'ai faim : j'arrive de Lyon à pied... Il paraît, dit-il en mangeant, que tu as eu de meilleures chances que moi. Je n'ai rien fait de bon dans l'autre monde, pas plus que dans celui-ci. La maison pour laquelle je voyageais a fait faillite. Il m'a fallu attendre misérablement une occasion pour revenir en Europe, et me voilà. Et toi, donne-moi des nouvelles.

— Ton oncle, dit Félix Duport, s'occupe beaucoup de toi; il te tirera d'affaire, et nous irons dès demain à Lausanne.

— Hum! hum! fit Milbert.

— Il n'y a pas de *hum, hum;* lui et moi, nous nous chargeons de toi; tu n'arrives plus là-bas en enfant prodigue; ton oncle se croit des torts envers toi.

— Et...?

— Je sais ce que tu veux dire; nous en parlerons plus tard.

— Pourquoi?

— Parce que...

Un domestique de Duport entra, et dit :

— Monsieur, il n'y aura pas de place pour demain; mais, si vous voulez partir ce matin...

— Pourquoi pas?

Et il ajouta bas à son domestique :

— Et ma lettre ?

— Partie, répondit le domestique.

— C'est bien.

— Mais, Félix, je suis en triste équipage pour rentrer chez mon oncle.

— Nous trouverons ce qu'il te faut dans ma garde-robe.

En effet, on trouva des bottes, du linge, un pantalon, un chapeau; mais Félix, dans sa vie calme et uniforme, avait pris un remarquable embonpoint, et ses habits étaient du double trop larges pour Milbert. On frotta, on brossa, on mouilla l'habit bleu, on passa de l'encre sur les coutures; il n'était pas présentable, même après ces opérations.

— Par ma foi, dit Eugène en riant, quand je suis parti pour l'Amérique, terre de l'or et des oncles millionnaires, je ne pensais pas que je regretterais mon habit gris, que j'ai laissé à l'auberge.

— Ton habit gris? mais il est ici; on me l'a

donné à Lyon, quand nous sommes allés t'y chercher avec ton oncle.

— Ah ! je serais enchanté de le revoir.

L'habit gris fut cherché et retrouvé, et allait assez bien ; l'état de détérioration de l'habit bleu ui donnait un air fort passable.

Une demi-heure après, les deux amis partirent pour Lausanne.

En passant devant Montreux, qui se trouvait à gauche sur la hauteur, Eugène demanda à y monter un instant. Le conducteur y consentit avec peine.

Sur la terrasse rien n'était changé, le chèvrefeuille n'avait plus que quelques fleurs ; mais les jasmins et les rosiers en étaient couverts.

— Que de beaux rêves j'ai faits ici ! dit Milbert à son ami.

Il prit une des dernières fleurs du chèvrefeuille, et ils redescendirent.

— Vais-je voir... ma tante... et... mon cousin ?

— Ton cousin n'est pas à Lausanne ; je pense que nous y trouverons Fanny.

Milbert fut silencieux jusqu'à l'arrivée. Il faisait nuit. Ils traversèrent les rues de Lausanne sans se parler.

— Oh! mon Dieu, dit Milbert, que se passe-t-il dans la maison de mon oncle? Vois-tu comme elle est éclairée?

— C'est vrai.

— Mais j'entends les violons...

— On danse; pourvu qu'on y soupe!

— Tiens, Duport, cela me fait mal d'entrer dans cette maison.

Félix avait sonné deux fois et le poussa dans la maison sans lui répondre.

— Qu'annoncerai-je? demanda un domestique.

— M. Félix Duport et un de ses amis.

Le domestique annonça. L'oncle Éloi vint à la rencontre des deux amis. Ce n'était plus le vieillard coquet avec sa perruque blonde; il avait *arboré* les cheveux gris et un costume convenable à son âge.

— Ah! te voilà, dit-il à son neveu; justement, il manque un vis-à-vis.

Et il l'entraîna.

— Mais, mon oncle!...

— Viens, viens; tiens, on commence.

— Mais j'arrive d'Amérique.

— En place! en place!

En le poussant, le tirant, l'oncle Éloi conduisit son neveu auprès d'une femme assise.

— Madame, voulez-vous danser avec mon neveu?

Les violons commencèrent, et on dansa. Milbert brouillait tout; il ne comprenait rien à ce qui se passait; il s'arrêtait tout court au milieu d'un pas, et se mettait à danser comme s'il se fût réveillé en sursaut.

La contredanse finie, son oncle le prit par le bras, et, suivis de Félix Duport, ils passèrent dans un autre appartement richement décoré.

— Voici ton logement, dit l'oncle.

— Ah! mon oncle, vous êtes trop bon.

— En es-tu content?

— Je ne mérite pas...

— Si fait bien. Maintenant, viens voir Fanny.

Eugène suivit son oncle, la tête basse, le cœur serré.

— Elle est dans sa chambre à finir sa toilette; va devant, et demande-lui si nous pouvons entrer.

— Mais, mon oncle...

— Tiens, voilà la porte ; c'est la première, tu frapperas à la seconde.

— Mais...

— Fais ce que je te dis.

Il entre.

— Ah çà! dit l'oncle Éloi à Duport, vous n'avez rien dit?

— Non, parole d'honneur !

— Il ne sait pas que c'est sa femme qu'il va trouver là?

— Non.

— Il va être un peu surpris. Nous les marierons dans huit jours, de l'autre côté du lac, où est le petit; car tout le monde ici les croit mariés depuis quinze mois et l'appelle madame Milbert : c'était le seul moyen d'arrêter tous ces bavardages de petite ville.

— Mais ils nous oublient; nous ferons bien d'entrer.

Ils trouvèrent Fanny et Eugène pleurant dans les bras l'un de l'autre.

Eugène quitta sa maîtresse pour se jeter dans les bras de son oncle.

— Oh! mon oncle, quelle trahison!

— Et toi donc! Du reste, c'est elle qui a tout fait ici; elle est la maîtresse absolue, elle m'a fait ôter ma perruque, elle m'a fait vieux pour avoir un vrai oncle; si tu savais comme elle m'a grondé de n'être pas arrivé à temps à l'hôtel de Lyon, quand tu es parti si mal à propos pour l'Amérique! puis elle a tant pleuré! Tu vas entrer avec elle dans le salon, et, demain, nous partirons pour le Valais.

— Ah çà! Félix, tu savais donc...?

— Tout; mais seulement depuis ton départ pour l'autre monde.

— Allons, allons, dit Éloi, on danse, il faut rentrer; nous causerons de tout cela plus tard.

# HISTOIRE

# DE ROMAIN D'ÉTRETAT

---

Le soleil se lève derrière le Havre, et colore de rose le sommet de la falaise blanche de la Nève. La mer, unie comme une glace, est d'un bleu sombre ; les voiles hautes des navires qui passent lentement au large sont empourprées par les premiers rayons du matin ; une faible brise souffle de l'est. C'est assez pour conduire mon canot. *Le Goëland*, corps et voiles, est blanc comme l'oiseau dont il porte le nom ! il n'a pas tout à fait quinze pieds de longueur.

— Allons, maître Pierre, prépare tout pour sortir.

Maître Pierre est aujourd'hui un peu lent et engourdi. Hier, vers la fin du jour, comme il rentrait chez lui, une escouade d'enfants le suivait, à une distance respectueuse, marchant au pas, et sur un seul rang, en chantant, selon leur usage quand ils reconduisent ainsi un homme suspect de station prolongée dans les cabarets, une chanson en un seul vers. Je ne dirai pas comme Virgile : *Numeros memini... si verba tenerem*. Au contraire, c'est l'air que je ne puis transcrire ici, tandis que je puis facilement écrire le poëme, qui consiste en ceci : « Il aura mal à la tête demain. » Cette chanson consacrée se répète quelquefois pendant une demi-lieue derrière le patient, qu'elle finit souvent par mettre dans une fureur peu dangereuse, à cause de l'espace que laisse son escorte entre elle et lui.

Il est juste de dire que ce n'était pas uniquement et grossièrement pour boire que notre Pierre était entré au cabaret. Il lui était survenu un ami, un ancien compagnon de pêche sur le banc de Terre-Neuve, et c'était pour célébrer ce retour de leur vieille amitié qu'ils avaient passé une partie de la journée à choquer « des verres pleins et des mots vides, » en se rappelant quelquefois la chanson normande :

>     Remplis ton verre vide,
>     Vide ton verre plein ;
>     Ne laisse jamais dans ta main
>     Ton verre ni vide ni plein.

Il faut être né en Normandie pour s'enivrer avec du cidre ; les étrangers en boivent impunément. Il paraît que la Providence, dans sa bonté pour l'homme, lui donne partout les moyens d'oublier. Partout il faut que l'homme s'enivre. Je suis persuadé que, dans un pays où il n'y aurait que de l'eau, les habitants de ce pays réussiraient à s'enivrer avec de l'eau. Je ne sais si les Anglais, qui, comme les Normands, honorent un autre *Bacchus jaune,* au lieu du vrai Bacchus, du Bacchus vermeil, réussissent convenablement à s'enivrer avec de la bière, contre laquelle Julien l'Apostat a fait une épigramme grecque, dans laquelle il lui reproche de « n'être pas le vrai Bacchus. » Il est vrai que la bière que buvait Julien avait été faite aux environs de ce qui est devenu Paris.

Toujours est-il que maître Pierre et son ami — *flavo inflati Iaccho* — sortirent fort chancelants du cabaret où ils avaient passé plusieurs heures sous une tonnelle de sureau. Tant qu'ils n'avaient été qu'un peu ivres, le cidre n'avait développé chez eux que des sentiments tendres ; mais, à un degré plus intense, une vertu hargneuse, l'orgueil de la patrie, prit des proportions exagérées. Maître Pierre est Normand, né à Yport, près de Fécamp ; son ami est Breton. Celui-ci dit à l'autre :

— Tiens, tu es un brave ; c'est dommage que tu n'es pas Breton, comme il convient à un honnête homme.

— Crois-tu, dit Pierre, qu'un Normand ne vaut pas un Breton ?

La question n'avait pas tardé à s'envenimer, si bien qu'ils se lancèrent d'abord les dictons faits contre les deux provinces, puis les verres et les pots. Le cabaretier les leur fit payer, et les mit dehors. Ils s'en allèrent côte à côte sans rien dire. Au bout d'un quart d'heure, Pierre dit à son ami :

— Yvon, je veux ta vie.

— Viens la prendre, dit Yvon en se mettant sur la défensive.

Nos deux hommes étaient à ce moment au plus haut degré de l'ivresse; leurs jambes ne pouvaient plus les soutenir. Ils s'avancèrent l'un sur l'autre; mais le bras de Pierre, levé avec colère, se posa engourdi sur l'épaule d'Yvon. Yvon également s'appuya sur Pierre et tous deux, heureux de trouver l'un dans l'autre un appui devenu indispensable, abjurèrent leur haine, et restèrent étayés en arc-boutant, formant à eux deux une sorte d'A.

Je ne sais combien de temps ils seraient restés dans cette position, si les enfants qui sortaient de l'école ne les avaient aperçus; ils s'étaient alors rangés en cercle, et avaient, à un signal, entonné avec un remarquable ensemble la chanson déjà citée : « Ils auront mal à la tête demain. » Cette mélopée avait réveillé les deux champions; ils avaient d'abord voulu se mettre en colère, et poursuivre les enfants; mais ceux-ci s'étaient enfuis, et avaient reformé plus loin un cercle plus large. Les deux amis se séparèrent alors, et chacun prit la route de son logis. Les enfants se divisèrent en deux escouades, dont l'une se rangea derrière Pierre et l'autre derrière Yvon, et chacun des détachements reconduisit son homme jusque chez lui, en chantant : « Il aura mal à la tête demain. »

Outre donc qu'il est fatigué et engourdi ce matin, maître Pierre est un peu honteux ; il s'attend à un sermon, et il ne me parlera pas le premier. Cependant l'étonnement le fit manquer à son habitude sous ce rapport.

— Oh! me dit Pierre, que se passe-t-il sur notre rade, ce matin? Quels sont ces bâtiments pavoisés?

— Il n'est pas difficile de voir que ce sont des Anglais ; leur pavillon est développé.

— Ce n'est pas ce que je vous demande, monsieur. Dieu merci, il n'y a guère de pavillons que je ne connaisse, et, si j'en ignorais un, ce ne serait pas le pavillon anglais, qui encombre toutes les mers du monde. Mais, monsieur, c'est une vraie flotte de vapeurs; est-ce qu'ils viennent encore bombarder le Havre? Nous allons alors entendre une jolie musique. Il faut que la batterie de Sainte-Adresse y mêle sa voix.

— Ces steamboats, maître Pierre, ne viennent pas nous bombarder; ils viennent faire des prisonniers, qu'ils vont emmener à Londres; mais des prisonniers volontaires qui sont arrivés ce matin de Paris par le chemin de fer. Les Anglais ont eu une grande idée, maître Pierre: ils ont élevé un palais de verre, et ils ont invité l'industrie du monde entier à venir y exposer ses produits à côté des leurs. La France et l'Angleterre vont encore une fois se mesurer, mais pacifiquement, sur le terrain des sciences, des arts, de l'industrie; ces deux rivales se rencontrent partout, et grandissent l'une par l'autre; cette guerre désormais la seule possible, cette guerre de progrès, la seule qui ne soit pas une horrible folie; cette guerre, au lieu de répandre la mort, la désolation et la misère, donne aux combattants de part et d'autre la vie et la richesse.

Pendant que nous parlions ainsi, Pierre avait paré l'embarcation. Nos voiles hissées, doucement gonflées par le vent d'est, faisaient glisser *le Goëland* sur la face unie de la mer. Je tenais la barre; Pierre, à l'avant, avait allumé sa pipe.

Il y a quelque temps, par une marée basse, j'ai

trouvé entre les rochers, sur une moullière, un peu plus de la moitié d'une bombe ; — c'est une bombe qui, probablement, a été lancée autrefois par les Anglais sur le Havre. Cette bombe est fort curieuse, en cela que deux huîtres y avaient établi leur domicile ; sur la paroi intérieure de la bombe adhéraient deux huîtres parfaitement vivantes. La bombe est dans mon jardin ; il ne reste plus que les écailles inférieures des huîtres. Quel sarcasme ! l'huître, le symbole du calme et de l'immobilité, choisit pour domicile l'invention la lus terrible de la méchanceté humaine.

Cependant nous étions arrivés au Havre, et j'avais échoué mon canot sur la plage de Frascati. J'entrai dans la ville : quel tumulte, bon Dieu ! et quelle foule ! Pendant que la flotte anglaise bloque le Havre par dehors, tout Paris l'envahit du côté de la terre ; il est à peine six heures du matin, et les rues sont pleines de femmes, de femmes jeunes, belles, élégantes, qui ont passé la nuit en voiture et n'ont pas sommeil, et ne sont pas fatiguées : le plaisir du changement allume dans leurs yeux de rapides étincelles. D'ailleurs, depuis cinq mille ans que les hommes et les femmes vivent ensemble, ils en sont encore à ne pas se connaître et à chercher à s'attraper.

L'homme exagère sa force et son courage, comme la femme exagère sa faiblesse et sa timidité. Il n'y a que l'ennui que les femmes redoutent ; l'ennui seul les fatigue, l'ennui seul les tue. Une femme ne meurt jamais que d'ennui ; à soixante-quinze ans une femme ne meurt pas parce qu'elle est vieille, mais parce qu'on ne l'amuse plus. Une femme qui s'amuse est de fer et d'airain ; il n'y a pas de portefaix capable de suivre tout un hiver dans le monde la plus frêle de nos femmes, si elle est jolie, si elle a beaucoup de toilettes fraîches, si elle a du succès ; à la moitié de la saison, le portefaix, exténué, demandera à aller porter des sacs de farine pour se reposer, et rétablir sa santé. Nous ne sommes le sexe fort que parce que nous ne sommes pas le beau sexe ; sans la faiblesse qu'affichent les femmes adroites, notre force paraîtrait piteuse, et nous ne serions plus rien du tout.

Toutes ces jeunes femmes aussi vont faire la guerre : ce sont elles qui vont envahir l'Angleterre ; elles vont faire une exhibition de cheveux bruns, d'yeux noirs et vert de mer, à côté des cheveux blonds et des yeux bleus des Anglaises ; elles vont montrer leurs pieds fins et cambrés, à côté d'infirmités qui, nu-pieds, sont chinoises. Elles sont audacieuses et confiantes, elles ne redoutent pas les beautés les plus correctes ; si elles ne peuvent vaincre en bataille rangée, elles comptent sur la grâce, sur l'élégance, sur la coquetterie, pour escamoter la victoire.

On va combattre ainsi, et parer l'*Exhibition* de ses plus belles robes et de la manière de les porter.

Va-t-il rester ici quelques femmes pour échantillon et pour la fête de nos yeux?

Mais qu'est-ce que cela me fait? J'oublie que, moi aussi, je dois aller à Londres.

Aller à Londres ! c'est bien grave pour moi qui ne suis guère voyageur. Le goût des voyages promet bien plus d'ennui de ce qu'on quitte que de désir de ce qu'on va voir, et je ne m'ennuie pas ici. Ici, où j'ai mon jardin, ma cabane au bord de la mer et mes canots.

Aller à Londres ! En attendant, retournons à Sainte-Adresse ; le Havre envahi, le Havre en tumulte m'est désagréable.

— Allons, maître Pierre, hisse la misaine; cette petite brise de l'est nous reconduira comme elle nous a amenés.

Et le canot glisse sur la mer.

— Pierre, dis-je à mon matelot, c'est bien ennuyeux de quitter son pays.

— Ah! monsieur, c'est aussi bien agréable d'y revenir!

— Oui, Pierre, et c'est là le beau côté des voyages. Il y a une punition pour les voyageurs comme pour les inconstants : c'est l'arrivée; tous les pays et toutes les femmes se ressemblent terriblement.

— Il y a des gens, monsieur, qui non-seulement ne peuvent pas quitter leur pays, mais qui encore aiment mieux s'exposer aux plus terribles dangers que de s'écarter du village où ils sont nés : témoin Romain d'Étretat.

A ce nom de Romain d'Étretat, je prête l'oreille; c'est une célèbre histoire que l'histoire de Romain d'Étretat, et qu'on raconte sans cesse ni relâche. Tout le monde la sait sur la côte, mais ce n'est pas une raison ; on se la raconte chacun à son tour, comme on chante souvent la même chanson ; celui qui écoute l'histoire la sait aussi bien que celui qui la raconte, néanmoins il l'écoute religieusement et en silence ; cela lui plaît à entendre ; il aura demain une égale joie à la raconter à celui qui la raconte aujourd'hui, et qui, demain, se fera un vrai plaisir de l'écouter à son tour. Il n'y a pas à Étretat un instant de la journée où quelqu'un ne raconte quelque part l'histoire de Romain ; cette histoire se raconte comme les vestales entretenaient le feu sacré. Il s'est passé peu d'histoires à Étretat, et, semblable à madame de Sévigné, qui reprochait à l'histoire romaine qu'elle n'y trouvait pas de parents comme dans l'histoire de France, l'Étretalais ne s'intéresse pas beaucoup à ce qui se passe hors de son admirable pays. Le dimanche, on s'entre-conte l'histoire de Romain, comme les dandys de Londres ou les élégants de Paris vont entendre tous les soirs, au Théâtre-Italien, les trois ou quatre opéras toujours les mêmes qu'on leur chante déjà depuis bien longtemps.

— Vous n'êtes pas, me dit Pierre, sans savoir l'histoire de Romain ?

— On me l'a contée.

— Ah! monsieur, vous devriez bien me la narrer.

— Mais tu la sais.

— Oui, certes ; mais j'ai idée que monsieur la contera mieux que moi.

— Tu te trompes, je ne l'ai entendue qu'une ou deux fois, et je ne la sais pas très-bien. C'est toi, au contraire, qui vas me la conter.

— Comme monsieur voudra ; vous me la conterez à votre tour une autre fois. Romain était né à Étretat, et il avait vingt ans en 1812...

Mais nous approchions du rivage ; deux silhouettes m'attendaient sur la grève. Pierre cargua les voiles, et nous abordâmes. C'étaient deux Parisiens.

— Eh bien, vous êtes des nôtres? me dirent-ils.

— Je n'en sais encore rien.

— Ah bah! vous viendrez avec nous ; on part dans deux heures ; le temps de bourrer votre sac de nuit.

Je rentrai avec eux dans mon jardin. Le jardin, la maison, tout me parut ravissant : j'aimais tout plus que de coutume, rien que par l'idée que j'allais peut-être le quitter pour quelques jours. Ils avaient faim. Après que nous eûmes déjeuné à la hâte, nous nous promenâmes en fumant un cigare.

— Eh bien? me dit l'un d'eux.

— Eh bien, je suis décidé.

— Ah!

— Je n'irai pas à Londres.

— Vous n'irez pas à Londres?

— Non.

— Voyons, pas d'enfantillage; nous n'avons que le temps de regagner le train, et de monter sur le steamboat. Dépêchez-vous.

— Non, je ne pars pas.

— Mais vous n'avez rien à faire ici.

— Raison de plus pour que j'y reste.

Ils me quittèrent en haussant les épaules.

Eh bien, non, je n'irai pas à Londres, et je resterai à Sainte-Adresse. En faisant le tour de mon jardin, j'ai revu toutes mes fleurs, et celles qui déjà étalent leurs riches corolles épanouies, et celles qui sortent à peine de terre. Mes chères fleurs, ce n'est pas seulement un plaisir pour les yeux qu'elles me donnent; elles se sont mêlées

à toutes les tristesses, à toutes les joies de ma
vie ; ces joies et ces tristesses, aujourd'hui presque aussi présentes à mon âme les unes que les
autres, parce qu'elles sont également contenues
dans ma jeunesse qui s'est en allée. Elles refleurissent tous les ans avec les fleurs.

> Au printemps, chaque année, alors que la nature,
> Revêt tout de parfum, de joie et de verdure,
> Quand tout aime et fleurit ;
> Dans les fleurs des lilas et des ébéniers jaunes,
> De mes doux souvenirs, cachés comme des faunes,
> La troupe joue et rit.

Et ce ne sont pas les plus riches fleurs, les plus
nouvellement conquises, celles qui viennent de
plus loin qui me sont les plus précieuses ; au
contraire, toutes celles que je ne connaissais pas
dans mon enfance et dans ma première jeunesse
n'excitent chez moi que l'admiration ; elles ne
m'apportent que leurs couleurs, leurs parfums,
et les chants d'oiseaux dont elles cachent les nids.
Ainsi ces splendides glycines de la Chine, ces
pivoines en arbre du Japon, ces magnolias qui
portent de si beaux lis blancs, je les aime, je les
admire ; mais ils ne m'apportent pas les émotions qui s'épanouissent tous les ans dans les co-

rolles d'autres fleurs vulgaires et communes. Merci, mon Dieu ! de toutes les choses que votre magnifique bonté a faites communes, le ciel et l'amour, par exemple : il n'y avait ni glycines, ni magnolias, ni pivoines, dans le petit jardin où il a fleuri pour moi tant de tristesses douces, tant de joies amères.

M. Van Houtte, de Gand, m'a envoyé cette année une nouvelle rose blanche, *cœlina tubos :* c'est une fleur toute nouvelle, rare encore, une fleur avant la lettre. J'en suis très-fier et très-enchanté, c'est une rose du roi blanche; mais l'ancienne rose blanche dont il y avait un gros buisson dans ce cher jardin, ce jardin où j'avais vingt ans, je ne puis la voir sans un attendrissement profond; c'est qu'un 24 juin, on me donna une de ces roses blanches en me disant :

— Tenez, Jean, je n'ai pas oublié votre fête.

Et ces *volubilis* qui se ressèment d'eux-mêmes ces liserons, ces cloches de couleurs diverses qui ne s'ouvrent que pendant la matinée. Il y en avait sur le treillage qui séparait nos deux jardins, et l'aubépine des haies dont je lui avais fait un jour une couronne, qui nous fit ensemble songer à la couronne blanche des mariées.

O cher jardin, chères fleurs, qui me racontez tout cela tous les ans, qui me rapportez ma jeunesse verte et fleurie comme les pâquerettes! mon cœur épanoui et joyeux comme les boutons d'or! non, je ne vais pas vous quitter au printemps; non, je ne perdrai pas ces sensations qui gonflent mon cœur comme le soleil de mai gonfle la terre féconde.

J'ai quarante ans. Si je vis très-vieux, je verrai encore ces fleurs et ces souvenirs s'épanouir une trentaine de fois. Je ne perdrai pas une de ces saisons. Qui sait surtout si, d'ici à quelques années, je ne vais pas me dessécher et me racornir comme tant d'autres, prendre ma jeunesse passée et sa séve robuste pour des erreurs, être fier de mon impuissance et honteux d'avoir été jeune, amoureux, généreux?

Non, je n'irai pas à Londres.

Et mes canots, et mes filets, et les promenades paisibles, au coucher du soleil ou à la lueur de la lune sur la mer calme et immense, vais-je quitter tout cela, tout cela l'œuvre de Dieu, pour aller voir les travaux des hommes ?

Non, mille fois non ; je reste ici.

Bénies soient cependant toutes les idées qui adoucissent l'homme, et qui détruisent les préjugés féroces qui divisent les nations. L'amour de la patrie, comme l'amour de la famille, ne doit pas être un prétexte honnête de haïr tout ce qui est en dehors d'un certain espace. Ce n'est pas avec le cadavre des autres hommes qu'il faut engraisser les guérets de la patrie, c'est avec le fumier des bestiaux nourris dans d'opulents pâturages. Les hommes ne sont pas partagés en différents pays pour se retrancher les uns contre les autres, pour vomir des imprécations et des menaces, et se faire une vertu de la haine, de la rapacité, de l'assassinat, quand ils s'exercent sur des gens qui ne prononcent pas *ci* ou *th* comme nous. Les hommes nés sous divers climats, destinés par la Providence à diverses industries, doivent faire produire à la terre et à leur propre génie tout ce qu'ils peuvent produire, et ensuite échanger ces productions variées et perfectionnées, non pas comme des épiciers furieux et implacables, qui se disputent des chalands à coups de fusil et de canon, et cherchent des prétextes pour échiner d'autres épiciers plus habiles ou plus heureux, mais comme des frères d'une grande famille qui, obéissant aux instincts que la Providence a mis en eux, se sont divisé le travail sur cet immense atelier que nous habitons.

La preuve que, pour beaucoup, l'amour de la patrie n'a été que le masque d'un égoïsme à trente millions d'hommes; la preuve que les gens du même pays ne s'aiment que de complicité contre ceux des autres pays, c'est que les habitants du même pays se font bien plus de mal entre eux qu'ils n'en font d'ordinaire aux habitants des contrées voisines. Le vol, la calomnie, l'assassinat se pratiquent bien plus entre gens du même pays, les uns sur les autres, qu'à l'égard des étrangers, que l'on n'attaque, pille et tue qu'avec certaines restrictions et selon certaines règles. Un soldat à la guerre a toujours nécessairement beaucoup plus à se plaindre du prince pour lequel il combat que de celui contre lequel il combat.

Des habitants d'une frontière ne pourraient

tracer une ligne si ferme, qu'elle n'appartînt pour moitié à un pays, pour moitié à l'autre pays. Certes, vous avez plus de ressemblances, plus de liens de mœurs, d'habitudes, de besoins avec *l'ennemi* qui est de l'autre côté de la ligne, qu'avec votre compatriote qui est à quatre cents lieues de vous, et ignore votre existence, comme vous ignorez la sienne.

Sur cette ligne est une touffe d'herbe ; est-il raisonnable que vous en aimiez la moitié, que cette moitié fasse partie des riantes prairies de votre belle patrie, et que vous vouliez *l'engraisser* avec *le sang impur* de ceux à qui appartient l'autre moitié de la touffe d'herbe ?

A côté de la touffe d'herbe, il y a un caillou ; il peut se séparer en deux. Avec une moitié, vous casserez la tête de l'ennemi ; avec l'autre moitié, il « cassera vos dents dans votre mâchoire : » *Ossa inimici in ore perfringam.* Ce préjugé est encore plus bizarre quand il s'agit des Anglais et des Français. Ils ne sont pas séparés par une ligne, par une touffe d'herbe, par un caillou ; ils ont entre eux le terrible et majestueux Océan, une route qui conduit de l'un chez l'autre. A chaque instant, les ports de l'un servent d'asile à l'autre contre la tempête et contre la mort; à chaque instant, vous apprenez qu'un navire français a sauvé des marins anglais, qu'un navire anglais a recueilli des naufragés français.

Je regarderai partir avec intérêt ces steamboats chargés de Français; j'écouterai ceux qui reviendront; je lirai les récits de mes amis, cinq ou six hommes d'esprit et de talent que vous avez attirés là-bas, et qui sont bien capables de ne pas gâter la vérité.

Mais je ne puis renoncer même un mois à ce hameau, autrefois solitude choisie, aujourd'hui village trop peuplé, grâce à l'intempérance de ma plume; car j'ai dénoncé cette retraite, et elle a été envahie; et il semble parfois à des gens qui y ont été attirés par mon exemple et par mes récits, qui y ont trouvé une vie douce et sans apprêt que j'y avais instituée; il leur semble que j'y tiens trop de place, et que j'encombre les lieux où ils sont venus s'entasser autour de moi.

On ne pardonne pas volontiers à l'homme qui vit seul, et qui, par son attitude, semble dire aux autres hommes : « Je ne mettrai plus au jeu avec vous tout l'or de mon cœur contre la fausse monnaie de vos paroles. Vous ne me tromperez pas, vous ne m'attraperez plus.

Mais il y a ici des gens que la pauvreté et le danger rendent bons, et dont l'aspect empêche le cœur de se fermer; il y a la mer, ce miroir du ciel; il y a le lever et le coucher du soleil, et les splendides couleurs dont il peint le ciel et l'eau; il y a onze années, les dernières de ma jeunesse, les dernières où il se passe pour l'homme des choses dont il aime à se souvenir.

Il y a...

Mais je m'arrête. Quand j'écris, il me semble toujours que j'écris à quelque ami, connu ou inconnu; et je me laisse parfois aller à des épanchements qui m'ont été fort reprochés.

Je n'irai pas à Londres; je resterai à Sainte-Adresse. Quelques amis me donneront la main en partant et en revenant.

Et l'histoire de Romain d'Étretat?

Où en étais-je, de l'histoire de Romain d'Étretat? — Je n'étais pas très-avancé. Pierre avait manifesté l'intention de la raconter et nous avions parlé d'autre chose.

Étretat est un bourg de Normandie, situé à vingt-trois kilomètres nord-est du Havre-de-Grâce; une vallée étroite, qui paraît avoir été le lit d'un torrent, descend vers la mer par une pente rapide. La plage forme un amphithéâtre, borné à droite et à gauche par des falaises de rochers de trois cents pieds de haut. De cet amphithéâtre fermé, on sort des deux côtés par des portes que la mer a creusées dans le roc : on les appelle porte d'Aval et porte d'Amont. La porte d'Amont est ronde et basse ; la porte d'Aval, en forme d'ogive, ressemble au portail d'une cathédrale. Auprès de cette porte est un immense obélisque de roche blanche, au sommet duquel les mouettes et les goëlands se plaisent à faire leurs nids.

Quand la mer est pleine, on passe sous les portes en canot; à la marée basse, on peut y passer à pied sec. La mer a, en outre, creusé des cavernes, revêtues d'algues et de varechs, qui contribuent à faire d'Étretat un des sites les plus sévèrement pittoresques qu'il soit possible de voir. Une source très-abondante coule à la mer par-dessous le galet, non loin de la porte d'Aval. On prétend que ç'a été une rivière qui s'est perdue sous terre ; pour dire la vérité, elle apporte autant d'eau à la mer que beaucoup de rivières auxquelles la grammaire de la géographie donne le droit de s'appeler fleuves.

C'est là que se rassemblent les femmes d'Étretat pour laver le linge. Elles forment dans le galet un trou rond, qui se remplit d'une eau limpide et douce, et improvisent ainsi un baquet commode, dont l'eau se renouvelle sans cesse. Après quoi, elles étendent leur linge sur les galets, lavés par la mer à chaque marée, et chauffés par le soleil à la marée basse. Le galet d'Étretat ne ressemble pas à celui qu'on rencontre le plus souvent au bord de la mer. Ainsi, sur les plages du Havre, par exemple, les falaises formées de terre et de craie sont souvent dégradées par la mer; les pierres qu'elles contiennent, qui sont, comme toutes les pierres, de forme irrégulière, usent leurs angles et s'arrondissent à force d'être roulées par les lames ; mais cette opération est assez longue ; et, comme il s'en détache sans cesse de nouvelles, le galet présente aux yeux et, qui pis est, aux pieds, des cailloux de toutes formes, hérissés d'aspérités et de pointes. A Étretat, au contraire, où il n'y a pas de terre au bord de la mer, où il ne se détache qu'à des espaces très-éloignés quelques morceaux de rocher, ce sont les mêmes pierres, toujours roulées, toujours sassées, ressassées, usées, polies, qui forment le bassin, de sorte qu'elles sont presque toutes ou rondes ou en forme d'œufs; on y trouve souvent des sortes d'agates d'une belle couleur.

La fontaine, ainsi s'appelle la place que nous avons désignée, et où coule sous les galets l'ex-rivière d'Étretat, est le lieu de réunion le plus important du pays; là, tous les jours, à la marée basse, parfois même la nuit avec des lanternes, car il faut obéir à la marée et non au cadran de l'horloge, là, les femmes, réunies pour laver, jasent et babillent tous les jours pendant plusieurs heures ; chacune apporte le produit de sa chasse, c'est-à-dire tous les bruits, toutes les rumeurs, qu'à Paris on appelle *cancans*, *potins* en Normandie, et *ramages* dans les Ardennes.

Quelqu'un dont les femmes ne se défieraient pas et qui pourrait les entendre à la fontaine sans qu'elles se crussent écoutées, aurait tous les jours, le journal d'Étretat.

L'histoire que raconte Pierre se passe à une époque déjà assez éloignée de nous ; Étretat n'avait pas alors une auberge où l'on bût du vin de Champagne : c'était sous l'Empire.

Dans ce temps-là, dit Pierre, on prenait tout le monde pour la guerre ; on consommait des hommes, que ça faisait pitié. Quand on avait pris des hommes et qu'ils étaient dépensés et tués, au lieu de nous en rendre on nous en reprenait d'autres, c'était nous qui en devions. Passe encore quand on prenait les pêcheurs pour la marine, c'était leur état, ils quittaient leur famille, leurs amis, leur fiancée ; mais au moins ils ne quittaient pas la mer. Mais l'empereur consommait bien plus d'hommes sur terre que sur mer, et c'était là ce qui chagrinait le plus les garçons.

Une nuit que la marée basse se trouvait vers deux heures du matin, les femmes layaient à la fontaine, chacune ayant sa lanterne près d'elle, de sorte que, du haut des falaises, il semblait voir de grosses lampodes, ces vers luisants, épars sur le galet.

On parla de choses et d'autres, et, comme de coutume, on ne se fit pas faute de potins. Cependant, à cette marée, on ne parlait bien volontiers que d'une chose, à savoir : d'une nouvelle levée de jeunes gens qu'on venait de faire dans le bourg. Douze jeunes marins avaient été désignés pour partir le lendemain, et rejoindre le régiment auquel on les avait incorporés.

Douze familles étaient dans le deuil et le chagrin, sans parler des maîtresses et des fiancées des garçons désignés.

— Il paraît, dit une des lavandières, qu'on ne veut plus laisser que des femmes à Étretat; on enlève tout ce qu'il y a de jeunes gens, et, de ceux qu'on emmène, nous n'en voyons pas revenir.

— Celui qui me fait le plus de peine, dit une autre, c'est mon cousin Romain : on allait le marier la semaine prochaine avec Bérénice Valin, et voilà que le père a déclaré qu'il ne lui donnerait sa fille que quand il serait revenu du service.

— Cependant, dit une troisième, il y a une chose que j'ai remarquée et qui m'a bien étonnée : c'est que, tandis que les autres se désespéraient et se lamentaient, Romain n'a pas dit un mot et n'a pas versé une larme.

— Il aime pourtant bien Bérénice.

— Qui sait? les hommes sont si changeants!

Le lendemain matin, le tambour appela les jeunes gens qui devaient se mettre en route ; on les compta, ils n'étaient que onze, Romain seul manquait ; on l'appela, on alla le chercher chez ses parents d'abord, ensuite chez ceux de Bérénice ; on ne le trouva nulle part.

Les onze autres partirent en pleurant ; comme ils s'en allaient, on vit voltiger des morceaux de papier que le vent portait à la mer ; c'était la feuille de route de Romain, qu'il déchirait et jetait par morceaux, du haut d'une petite guérite au-dessus des falaises, surplombant sur la mer, et qu'on appelle la chambre aux demoiselles. La veille, pendant la nuit, et comme les femmes parlaient de lui à la fontaine, Romain était auprès de Bérénice.

— Romain, lui disait la belle fille, avant ton départ, j'ai voulu te voir, pour te renouveler le serment d'être ta femme ; si tu meurs, je ne me marierai pas ; si tu reviens, je t'attendrai ; tu me retrouveras fidèle, et tu reviendras, j'en ai le pressentiment ; tous les jours, j'irai faire, pour ton heureux retour, une prière à la Vierge... Mais comment se fait-il que, seul des jeunes gens qui partent demain matin, tu sois resté calme, et que tu n'aies pas versé une larme, quand les autres en suffoquaient? N'es-tu donc pas triste de nous quitter?

Je dois faire ici un erratum. Je rends mal les paroles de Bérénice. Il y a un mot en Normandie qui a beaucoup de grâce en certains cas : c'est *espérer*, signifiant attendre. Je n'ai jamais entendu un pêcheur prononcer le mot *attendre* ; toujours on dit *espérer*.

— Il est vrai, dit Romain, que je n'ai pas pleuré, et que je ne me suis pas lamenté comme les autres ; mais il y a à cela une raison bien simple : c'est que je ne pars pas.

— Comment! tu ne pars pas? N'as-tu pas reçu comme les autres ta feuille de route?

— Oui, mais je ne pars pas.

— Comment feras-tu? Qui te l'a permis?

— Personne. Eh quoi! parce qu'il plaît à l'empereur de faire la guerre, il faudrait que je quittasse mon pays, ma famille et toi — toi surtout, dont la vue m'est aussi nécessaire pour vivre que l'air que je respire. Allons donc! mourir pour mourir : là-bas, de chagrin ou de la balle d'un ennemi, ou ici, en me défendant contre les gendarmes; j'aime mieux mourir ici; au moins je mourrai à Étretat, et je serai enterré dans le cimetière de la paroisse; et je te verrai jusqu'à la fin.

— Mais, Romain, tu me fais peur. On t'arrêtera, on te mettra en prison.

— Non, on me tuera peut-être; c'est tout ce qu'on peut me faire malgré moi. J'y ai bien pensé, je suis décidé. Demain matin, quand les autres partiront en pleurnichant, jette les yeux sur la chambre aux demoiselles.

— Oh! mon Dieu, Romain, veux-tu donc te jeter à la falaise?

— Moi? Non. On me tuera peut-être; mais on aura de la peine, attendu que je compte me bien défendre. Pourquoi aller me battre contre les Prussiens, qui ne m'ont rien fait? J'aime bien mieux me battre contre ceux qui veulent m'arracher à tout ce que j'aime : je me battrai bien mieux et avec bien plus de cœur. Non, certes, je ne veux pas me tuer, je veux te voir; je veux voir la mer jusqu'à la fin. Tu verras s'envoler ma feuille de route : tu compteras les morceaux que le vent emportera; ça te dira à quelle heure tu devras te trouver à l'*avalure* (chemin dans le roc) de la porte d'Amont. J'aurai besoin de toi.

Bérénice, quoiqu'elle trouvât excellentes les raisons de Romain, était très-effrayée d'un acte qui ne s'était jamais commis dans le pays : la rébellion contre une feuille de route et contre la gendarmerie. Elle essaya de le faire changer d'avis; elle lui jura encore de l'attendre en priant pour son retour : Romain fut inébranlable.

Le lendemain, au moment où les autres jeunes gens se mettaient en route avec les gendarmes, Bérénice, les yeux fixés sur la chambre aux demoiselles, vit les morceaux de la feuille de route de Romain qui s'en allaient, portés par le vent, en tourbillonnant; elle en compta onze. C'était donc à onze heures qu'elle devait se trouver à l'avalure de la porte d'Amont.

Le départ des onze garçons, et plus encore l'absence de Romain, furent le seul sujet des conversations de la fontaine. Comme on ne l'avait pas revu, les unes le croyaient noyé, d'autres pensaient qu'il se proposait de rejoindre ses camarades en forçant la marche, et en s'accordant vingt-quatre heures à passer de plus auprès de Bérénice. Personne n'admettait dans ses suppositions le refus de partir et la résistance à l'empereur, tant c'était une chose sans exemple.

Je suis fâché de ne pas me rappeler dans ce récit les propres paroles de Pierre : sans fausse modestie, mon récit y gagnerait. Mais nous supposons toujours que c'est lui qui parle. Il s'arrêta, nous étions arrivés à nos bouées, et nous commençâmes à relever les lignes que nous avions mises à la mer la veille au soir ; la pêche n'était pas abondante, cependant il y avait à un hameçon un assez gros bar.

C'est tout ce que nous pouvions prendre, me dit Pierre, avec de l'*acque* (amorce) qui n'était pas frais. Le bar n'aime pas le poisson frais ; mais les autres poissons n'ont pas le même goût que lui ; et je pensais, en revenant à terre, à la prévoyance de la Providence, comment non-seulement elle n'a pas créé un être qui n'ait ses fonctions à remplir, mais comment encore elle n'a pas donné à cet être une passion, un goût qui ne doive concourir à l'ordre général.

Beaucoup de philosophes se sont égarés sur un point qui n'a pas tardé à les entraîner à l'absurde.

Ils ont considéré l'homme comme roi, maître, centre et but de la création ; alors ils se sont souvent demandé à quoi servaient telles ou telles choses ; mais, si au lieu de se demader à quoi ces choses pouvaient servir à l'homme, ils s'étaient demandé quel était leur office dans l'ordre général de l'univers, ils n'auraient eu qu'à ouvrir les yeux pour trouver une réponse satisfaisante.

Je citerai, pour exemple de cette erreur, un écrivain illustre, qui certes aimait la nature, et la décrivait avec un grand'charme : c'est Bernardin de Saint-Pierre. Eh bien, Bernardin de Saint-Pierre a été obligé de forcer bien des choses pour les faire entrer dans le cadre tracé par ce point de vue : l'homme, centre, but et fin de la création. Ainsi il pose en théorie et en fait que Dieu n'a donné de suaves odeurs qu'aux plantes basses et aux arbrisseaux qui ne s'élèvent pas plus haut que le nez de l'homme. La première fois que j'ai lu ce passage, j'étais assis sous des acacias, couronnés, à une hauteur où ne pouvaient atteindre que les oiseaux, de leurs belles grappes blanches parfumées ; en face de moi était une glycine de la Chine dont les grappes bleues retombent de mon toit au printemps, et, regardant autour de moi, je voyais une grande aubépine, et une clématite qui s'était élancée jusqu'au sommet d'un énorme noyer noir.

Les hommes ont en vain cherché et chercheront toujours en vain le *mouvement perpétuel ;* c'est le secret de la grande et admirable perfection de cette machine de l'univers.

Les hommes, en effet, ne disposent que de matières inertes, sujettes à l'usure par le frottement ; la nature, au contraire, a l'accroissement qui répare l'usure, soit par la végétation, soit par la nourriture.

La machine du monde terminée, il y avait à prendre sur la terre quelques soins accessoires ;

le grand auteur donna aux êtres animés, des passions, des besoins, des goûts ; ainsi, l'amour de la propriété impose à l'homme toutes sortes de corvées qu'il accomplit avec joie et avec ténacité ; tous les appétits concourent, par un esclavage volontaire et spontané, au but général.

Ainsi pour en revenir à mon point de départ, et, comme on dit dans les parlements, rentrer dans la question, il est remarquable que, si certains poissons mangent les autres poissons pour modérer et contenir dans les bornes prescrites l'immense production de ces animaux, d'autres, chargés d'autres fonctions, d'une sorte de nettoyage des fleuves et des mers, recherchent, au contraire, le poisson gâté, les cadavres de poissons et d'animaux, et leur font subir, par la digestion, les transformations nécessaires pour que les éléments qui les composaient soient suffisamment divisés et rentrent dans d'autres combinaisons de la nature. Le bar aime le poisson gâté ; mais presque tous les autres poissons ne le mangent que s'il est vivant ou au moins frais. Les tourteaux, les étrilles, ne mangent que le poisson frais ; les crabes, qui leur ressemblent assez pour qu'on les confonde à la première vue, se repaissent de tout ce qu'ils trouvent de mort.

Quand on étudie tous les mystérieux travaux de la nature, on est fort porté à rire des gens qui, pour croire à l'existence d'un Être suprême, demandent *des miracles*, et de ceux qui en racontent pour la prouver.

Des miracles! mais vous ne marchez pas sur autre chose. Est-ce que chaque brin d'herbe n'est pas une admirable et mystérieuse création, ainsi que la goutte d'eau et de rosée qui brille suspendue au brin d'herbe comme un diamant mobile? Et tous les animaux que les microscopes nous font voir dans cette goutte d'eau, et tous ceux que le microscope lui-même ne peut nous faire voir, et tous les animaux qui vivent sur ces animaux invisibles, et qui ont eux-mêmes leurs animaux parasites chargés d'autres parasites qui en portent d'autres!

Belles choses que ces miracles qui consistent à déranger un peu l'ordre éternel de la nature! Cet ordre n'est-il pas cent fois plus admirable? N'est-ce pas un grand miracle d'avoir créé l'eau des fleuves qui descend à la mer, et, de la mer, remonte en nuages, pour retourner aux fleuves, sans qu'une goutte d'eau puisse se perdre ni se dérober à ses fonctions éternellement prescrites; que d'avoir changé de l'eau en vin, ce que savent faire tous les cabaretiers?

A onze heures, tout le monde reposait. Bérénice sortit sans bruit, et alla trouver Romain. Romain était résolu. Il ne voulait pas partir.

— Il suffit, dit-il, qu'on ne me voie pas pendant quelque temps; on m'oubliera.

En effet, Romain ne parut plus dans la paroisse; les uns pensaient qu'il avait rejoint ses compagnons sur la route, d'autres qu'il s'était embarqué clandestinement sur quelque navire. Bérénice s'échappait tous les soirs quand tout le monde dormait, et rentrait une heure après.

Il ne tarda pas à venir de la sous-préfecture au maire la nouvelle que Romain n'avait pas rejoint le corps qui lui avait été indiqué. Le sous-préfet joignait à ce renseignement l'ordre de le faire partir; mais cet ordre devait être exécuté par deux gendarmes. Tout ce qu'on put répondre aux gendarmes et au sous--préfet, c'est que Romain avait complétement disparu.

Quelques jours après, un cutter garde-côte, en passant devant Étretat, remarqua un feu qui brillait pendant la nuit dans les falaises; on crut d'abord que c'était la lanterne de quelque pêcheur qui descendait par l'*avalure*. Mais il y avait à bord un homme du pays, qui répondit qu'il n'y avait pas de descente à l'endroit où on croyait voir un fanal. On mit en panne pour observer, parce qu'alors on pensa à quelque affaire de contrebande, et on vit le fanal descendre jusqu'au tiers de la falaise. On envoya une embarcation à terre avertir les douaniers; ceux-ci se portèrent à l'endroit indiqué, mais la lumière avait disparu.

Une fois l'attention éveillée, on chercha, on commenta, on devina. Bérénice, au lieu d'arriver vers onze heures du soir auprès de Romain, n'y arriva une nuit qu'à deux heures du matin; on l'avait suivie, mais elle s'en était aperçue. Alors elle était rentrée; puis elle avait porté des provisions à Romain en plus grande quantité : elle avait mis dans le panier une lettre expliquant à Romain ce qui l'avait retardée et le soin qu'elle prenait de lui apporter des provisions pour plusieurs jours, afin de ne pas sortir le soir pendant un jour ou deux, pour dérouter la surveillance.

Pendant ces deux jours qu'elle passa sans se rendre auprès de Romain, elle se procura une bonne quantité de biscuit de mer, qui peut se conserver plusieurs mois, un petit baril de viande salée et une grosse dame-jeanne de cidre.

Mais, pendant ce temps, on avait fait des recherches, et le sous-préfet écrivit qu'il avait la conviction que Romain n'avait pas quitté Étretat, et il envoya des gendarmes qui devaient s'installer dans la commune.

Bien en avait pris à Bérénice d'approvisionner son amant pour quelque temps ; car, trois jours après, malgré ses précautions, elle fut suivie, et on acquit la conviction que Romain se tenait caché dans un trou de la falaise à une cinquantaine de pieds en descendant, et à plus de deux cent cinquante pieds au-dessus des rochers et de la mer.

On commença par envoyer des gendarmes, à la tête desquels le maire, muni d'un porte-voix, conseilla d'abord à Romain de descendre. Il répondit par un seul mot :

— Non.

Après les conseils vint une sommation. Il ne répondit plus.

On tenta l'escalade; mais on ne faisait pas alors plus qu'aujourd'hui des échelles de deux cent cinquante pieds. Quelques soldats aventureux essayèrent d'arriver par en haut avec des cordes, mais Romain secouait les cordes et les aurait précipités s'ils avaient continué leur tentative. On fit avec la hache quelques degrés dans la falaise; mais Romain faisait tomber sur les travailleurs une grêle de pierres qui ne tarda pas à les décourager.

On en référa derechef au sous-préfet, qui en écrivit au préfet, qui en écrivit au ministre. Le ministre répondit au préfet, qui répondit au sous-préfet, qu'un si dangereux exemple, une résistance aussi inouïe, ne tarderait pas à avoir des imitateurs aussitôt qu'on la verrait possible; qu'il fallait s'emparer de Romain mort ou vif et à quelque prix que ce fût.

On fit encore une sommation à Romain, puis on lui tira des coups de fusil. Romain, à chaque décharge, se renfonçait dans sa caverne, puis ripostait par des pierres et des fragments de rocher. Il soutint le siége pendant quatre jours.

Au bout de quatre jours, il cassa malheureusement la dame-jeanne au cidre, et il ne tarda pas à sentir les angoisses de la soif : sa gorge était desséchée. Il songea qu'il fallait profiter de ce qui lui restait encore de forces pour aviser au moyen de s'échapper.

La mer, basse vers quatre heures, était pleine à dix heures. Il passa tout le jour à détacher des morceaux de rocher et à entasser des munitions.

A la mer pleine, les soldats, les assiégeants, étaient obligés de se retirer. Romain les avait harcelés toute la journée avec des pierres, auxquelles la mer, en montant, et en les obligeant de se rapprocher de la falaise, les exposait davantage. Aussi, à la nuit, ils firent presque au hasard une dernière décharge, et se retirèrent en laissant un factionnaire sur le sommet de la côte.

Quand la mer battit contre la falaise, Romain sortit de son antre ; puis, par un chemin pratiqué seulement par les mouettes, il essaya de descendre vers la mer. Il s'aida des pieds et des mains, profitant de la plus petite aspérité, à chaque instant déchirant ses ongles dans la pierre, à chaque instant glissant au-dessus de l'abîme, et se recommandant à Dieu et à son patron.

Mais une pierre se détacha, et attira, en tombant, l'attention du factionnaire. Celui-ci donna l'alarme; on héla Romain, et on lui tira des coups de fusil dans l'ombre. Un instant après, on entendit dans l'eau la chute d'un corps pesant : les soldats descendirent sur la plage par un détour assez long, mais ils ne virent rien.

Le lendemain, on trouva sur le galet la chemise et le bonnet de laine de Romain; puis on n'en entendit plus parler. Le rapport du maire au sous-préfet, du sous-préfet au préfet, et du préfet au ministre, constata que Romain était mort, soit qu'il eût reçu un coup de fusil, soit qu'il eût fait un faux pas.

Bérénice se mit en deuil.

Parmi les enfants d'Étretat qui furent enlevés cette fois, il y avait un nommé Samuel Aubry. Il partit en maugréant; mais, une fois arrivé, il fut soldat comme tout le monde : on le mit dans la cavalerie. Longtemps il ne pouvait s'empêcher de se retenir au pommeau de la selle, à la crinière ou aux oreilles du cheval; puis il prit un peu d'aplomb. D'abord le bruit du canon le frappa de torpeur; s'il avait été seul, il se serait affaissé à la place où il était, sans avancer ni reculer; mais son cheval suivait les autres, et les autres le poussaient. Puis l'odeur de la poudre et le bruit le grisèrent; il tira son coup de mousqueton au hasard en fermant les yeux.

Il finit pas s'accoutumer à tout cela, et son colonel le prit pour son domestique; il pansait trois chevaux, cirait les bottes, astiquait le fourniment, et était exempt de service; de plus, il ne sortait pas sans avoir la poche garnie... Outre les lauriers, il cueillait aussi des myrtes.

Dans les villes de garnison, une foule de femmes abandonnaient leurs enfants et leurs maris; leurs maris, beaux, probes, estimés; leurs maris, qui travaillaient durement pour leurs besoins et leurs caprices, elles les abandonnaient avec empressement pour l'amour d'un soldat médiocrement bâti, n'ayant de propre que ce qui est exposé à la vue du sergent ou du maréchal des logis, parfumé d'eau-de-vie et de mauvais tabac; car les femmes, en général, aiment à justifier ce lieu commun mythologique de la tendresse de Vénus pour le dieu des combats.

Un jour, l'escadron de Samuel Aubry reçut l'ordre de charger sur un bataillon carré ; mais, selon l'usage, ils devaient faire un demi-tour à gauche dès qu'ils seraient à portée de fusil. L'officier qui commandait l'escadron avait un cheval rétif et emporté ; il s'enivra du bruit des trompettes et de l'odeur de la poudre, se lança le nez au vent, et son cavalier ne put réussir à lui faire faire le demi-tour à gauche. Les autres chevaux suivirent le premier. Samuel, se croyant mort ou au moins dangereusement blessé, embrassa le cou de son cheval et s'abandonna au hasard. Le bataillon fut enfoncé. Trois croix d'honneur furent données à l'escadron. Samuel en eut une.

Cependant Bérénice fuyait toute société. Elle produisit un écrit de Romain par lequel il lui donnait ses seines, ses appelets et tous ses filets. Bérénice les mettait sur les bateaux pêcheurs lors de leur départ, et, à leur retour, elle avait droit à un ou deux lots, selon qu'elle avait confié à tel ou tel bateau plus ou moins de filets.

Elle fit réparer sa petite maison ; elle acheta

une vache et eut une domestique. Tous les garçons la courtisaient et la voulaient épouser. Mais elle répondait sérieusement qu'elle ne se marierait pas. Il n'était bruit que de sa sagesse ; même à la fontaine, où se contaient toutes les histoires du pays, on ne lui prêtait aucune intrigue.

Cependant on finit par voir que Bérénice était enceinte. Elle accoucha, et ne trouva qu'à grand'peine un parrain et une marraine pour son enfant, qui fut baptisé sous le nom d'Onésime, fils de Bérénice, père inconnu... Le père de Bérénice lui-même ne voulut plus la voir. Néanmoins Bérénice ne se désespérait pas.

Arriva 1814. Le corps d'armée où servait Samuel Aubry fut licencié. Samuel Aubry revint dans ses foyers avec deux ou trois camarades, seuls vivants d'une douzaine qu'ils étaient partis d'Étretat. Leur retour fit la plus vive sensation. Samuel surtout, chevalier de la Légion d'honneur, fut incroyablement fêté. Tous les honneurs furent pour lui. Son morceau de pain bénit à l'église n'était pas beaucoup moins gros que celui du dépositaire de l'autorité municipale.

Une amnistie fut proclamée dans le même temps pour les déserteurs et pour les réfractaires. Un matin, Onésime Romain conduisit Bérénice à la messe et lui donna son nom. Onésime était bien changé, il avait tant souffert pendant quatre ans !

Cependant le bonheur ne tarda pas à rétablir sa santé ; il travailla avec courage et succès.

Quand on sut que Romain était le père de l'enfant de Bérénice, et que, s'il ne l'avait pas épousée plus tôt, c'est qu'il ne pouvait se montrer sans s'exposer à être pris et fusillé, personne n'eut plus rien à dire sur la vertu de madame Romain.

Samuel Aubry vivait de sa croix et d'une petite ferme que lui avait laissée son père.

Romain et Bérénice vivaient de leur travail.

Comme le savent tous les pêcheurs, la pêche du hareng manque tous les ans depuis la déchéance de l'empereur Napoléon ; ce n'est maintenant que par petites colonnes qu'ils passent sur nos côtes. Les vieux pêcheurs normands racontent avec enthousiasme que, sous le règne de Napoléon, on ne se donnait pas toujours la peine de tendre les appelets ; qu'on prenait les harengs avec des seaux ; que les *mauves flamandes*, grandes mauves blanches aux ailes noires, qui suivent les bancs de harengs, étaient si nombreuses, qu'elles venaient prendre les harengs jusque sur les bateaux, et que, pour les écarter, on était forcé de les abattre à coups de bâton.

— Ah ! ajoutent-ils, quand nous revenions le matin au soleil levant, nos paletots étaient couverts d'écailles de hareng, véritables *pièces de dix sous*. Aujourd'hui, les *kiens* (chiens de mer) nous mangent les harengs et les seines.

Il est impossible de leur faire admettre à ce changement de route des harengs d'autre raison que l'exil de l'empereur. Il n'y a rien d'égal à leur vénération pour sa mémoire, si ce n'est leur haine pour les chiens de mer ; il y a dans leur manière de prononcer le mot *kiens* quelque chose de féroce à la fois et de dédaigneux. Il faut dire que les chiens de mer leur font un grand tort.

Rien n'est si simple que les appelets destinés à la pêche du hareng : ce sont de longues pièces de filet tendues, tirées en bas par des pierres, soutenues en haut par des barriques vides. Le poisson qui marche en colonnes serrées trouve un obstacle et veut le forcer ; sa tête passe à travers les mailles, mais le ventre l'arrête ; il tente alors de reculer et se trouve pris par les ouïes. Les *chiens*, qui les poursuivent n'ont qu'à choisir, et ils choisissent si bien, que les pêcheurs friands ne mangent que les poissons en partie dévorés, et qu'ils appellent *bougons*. Quelques *kiens* se prennent dans les seines, et alors chaque homme de l'équipage vient à son tour prendre le captif par la queue et lui frapper la tête sur le bordage ; ensuite un pêcheur lui ouvre le ventre et en tire, avec deux ou trois petits *kiens* vivants, des harengs entiers et à moitié mangés.

Cependant Romain, que plusieurs pêcheurs d'Étretat ont parfaitement connu, plus audacieux et plus aventureux que ses compagnons, trouvait toujours moyen de faire bonne pêche : il lui eût été si pénible de voir Bénérice supporter la moindre privation. Plusieurs fois il s'exposa à une mort presque certaine en sortant seul, par un gros temps, parce que Bérénice désirait un bonnet neuf.

La pêche finie, dans les longues soirées d'hiver, on se rassemblait quelquefois pour fumer et manger des rôties au cidre, tantôt chez Romain, tantôt chez un autre. Dans les commencements, on aimait à faire raconter à Romain tout ce qu'il avait souffert et osé pour échapper à la conscription.

Les plus audacieux marins s'étonnaient, et Bérénice était fière et heureuse en pensant que c'était pour elle que son mari avait fait de tels prodiges.

Mais venait ensuite le tour de ceux qui avaient *servi*. Ils étaient on ne peut plus énorgueillis de la gloire qu'on les avait forcés d'acquérir ; chacun d'eux croyait avoir gagné la bataille où il avait eu peur. Les exagérations les plus grotesques trouvaient de crédules auditeurs. Pour Samuel Aubry, il affirmait que son portrait était sur la colonne de la place Vendôme, formé d'un canon qu'il avait enlevé tout seul.

Les *anciens militaires*, s'arrogeaient entre eux une incontestable supériorité sur ceux qui n'avaient pas servi ; ils avaient la parole dans les assemblées, désignaient les santés, prenaient des airs séducteurs avec les femmes et goguenards avec les maris, ils ne permettaient à personne la moindre contradiction, ni le moindre doute.

Bérénice elle-même, à force d'entendre chanter des refrains plus ou moins guerriers et patriotiques, tels que *Ah! qu'on est fier d'être Français, quand on regarde la colonne!* ou *Français et militaire,* ou *Français et fier de l'être, etc.*, Bérénice se surprit, par moments, à regretter que son mari n'eût pas fait comme tout le monde et n'eût pas été soldat.

Romain finit aussi par être honteux de s'être dérobé au service militaire : il prit son prodigieux courage et sa résolution pour une lâcheté.

Un jour d'été, il partit pour la pêche du maquereau ; il n'avait qu'une petite barque, et deux hommes seulement l'accompagnaient. A peine eurent-ils gagné le large, que le vent tomba tout à coup.

Le maquereau se prend avec des lignes qu'on laisse traîner à l'arrière du bateau, tandis qu'on court des bordées à toutes voiles. Pour la pêche du maquereau, on sort d'ordinaire par un vent d'est, parce qu'il se soutient mieux que tout autre, et qu'un vent un peu frais est indispensable pour le succès de cette pêche.

Il fut obligé de virer de bord et de revenir; mais il avait à relever ses filets, qu'il avait tendus la veille pour les homards, l'occasion étant d'autant meilleure que le vent d'est par lequel il était parti l'avait fait naturellement dériver en aval du côté du Havre.

C'était presque au-dessous de *la Courtine,* vieille fortification ruinée au-dessus de la falaise, que Romain avait tendu ses derniers filets. La mer était basse; il suivit le chemin sous la falaise, relevant ses filets, et donnant le butin à ses deux compagnons, qui conduisaient la barque à une demi-portée de fusil du bord. Quand il eut relevé le premier filet, il laissa ses hommes continuer le chemin par la mer, et lui suivit la falaise. Il faisait un soleil dévorant.

Arrivé à une profonde caverne, à laquelle une tradition a donné le nom de *Trou à l'Homme*, il y entra pour s'y reposer un moment.

Il n'y a rien de si beau que ces grottes que l'on trouve à chaque instant dans les falaises. Le bas est revêtu d'une roche blanche semblable au plus beau marbre; la voûte est toute tapissée d'une sorte de mousse d'un lilas rouge, qui, dans l'ombre semble, par ses riches reflets, une immense tenture de velours violet; des angles des roches pendent des algues et des varechs, sombre verdure de l'Océan, qui paraissent d'abord noirs, et, vus en transparent, sont des plus belles nuances de vert, de violet et de pourpre.

Romain tira sa gourde, et but un peu de genièvre, puis il se disposa à se remettre en route.

Mais, au fond de la grotte, il entendit des soupirs...; il avança. A ces soupirs se mêlaient des baisers.

— Partons, dit-il, voici deux amants que je gênerais.

Cependant il s'arrêta encore au bord de la grotte, la fraîcheur était si agréable! Il tira sa pipe, battit le briquet, et fuma.

Le temps passe vite pour les fumeurs. Si vous m'accordez ceci, vous admettrez qu'il passe encore plus vite pour les amants. Le soleil descendit derrière la haute aiguille placée presque devant le *Trou à l'Homme.* Romain resta à le regarder coucher. Néanmoins, la mer montait, et, comme il s'était élevé un fort vent de S.-O., les lames venaient par moments jusqu'à l'entrée de la grotte. Il allait partir, mais une pensée le fit rentrer dans la grotte.

— Holà ! hé ! cria-t-il, mes tourtereaux, la mer monte.

Mais, à sa voix, répondit un cri d'effroi et d'angoisse.

Romain se précipita au fond de la grotte. Une lutte s'engagea dans l'ombre, puis Romain sortit avec Bérénice ; tous deux était horriblement pâles. Personne ne sortit derrière eux. Romain jeta son couteau à la mer.

Le lendemain, Romain avait disparu. La mer apporta sur le galet d'Étretat le cadavre de Samuel Aubry.

Plus en amont, non loin d'Étretat, au-dessous de l'endroit où Romain avait autrefois soutenu le siége, on trouva encore ses sabots et sa blouse ; mais, cette fois, il y avait dans la blouse un corps brisé et en lambeaux.

Bérénice prit le deuil. Ce deuil extérieur pour Romain lui permettait de pleurer Samuel Aubry.

Il y a tant de morts qu'on pleure comme le lierre, qui, après avoir étouffé un arbre, pare sa tête morte de vertes guirlandes.

# LES WILLIS

A la fin d'une journée d'automne, devant la maison du garde général Wilhem Gulf, des filles et des garçons valsaient joyeusement ; des jeunes gens jouaient, l'un du violon, l'autre du cor. La forêt devenait encore plus silencieuse ; un vent léger, qui faisait de temps en temps frissonner le feuillage, avait cessé d'agiter les arbres ; le soleil ne laissait plus à l'horizon qu'un reflet de pourpre, qui éclairait encore obliquement la clairière dans laquelle on dansait, et colorait d'une vive teinte rose les visages des danseurs.

Après une valse finie, Anna Gulf prit la parole :

— Il n'est pas juste, dit-elle, que le pauvre

Henry passe toute la soirée à souffler dans son cor, sans valser au moins une fois. Conrad va jouer seul quelque temps, et Henry pourra prendre part à la danse.

— Et, pour le récompenser de la fatigue qu'il a prise à nous faire valser, ajouta la jolie Geneviève, nous déclarons qu'au mépris de tous les engagements pris d'avance, il a le droit de choisir celle de nous qui lui paraîtra la plus belle, et de valser avec elle deux fois de suite.

Anna Gulf devint toute tremblante ; elle devait épouser Henry ; c'était un projet dès longtemps formé entre les deux familles ; mais Henry, jusque-là, n'avait presque jamais paru distinguer la fille du garde général.

Anna Gulf aimait Henry. Qui ne l'eût aimé? C'était le plus beau et le meilleur garçon du pays ; pas un chasseur n'était plus adroit ni plus audacieux, et le prince avait promis de l'élever au grade de garde général, que son beau-père lui devait résigner lors de son mariage.

De son côté, Anna était une bonne et jolie fille, qui, depuis la mort de sa mère, était à la tête de la maison du garde général, resté veuf avec deux enfants, Anna et Conrad. Pas une seule maison ne paraissait si propre et si bien tenue; pas une, avec un revenu borné, n'offrait un tel aspect d'aisance et de bonheur. Anna était l'idole de son père et de son frère; ils l'appelaient leur bon ange, et elle avait, en effet, quelque chose des anges : son corps élancé et flexible, sa jolie tête un peu pâle; ses longs cheveux noirs appliqués en bandeaux sur son front, et ses yeux d'un bleu sombre pleins de tendresse et de mélancolie, semblaient, par un instinct secret, faire pressentir qu'Anna Gulf, ange du ciel, n'avait été que prêtée à la terre, et qu'après avoir, comme une bienfaisante rosée, donné à tout ce qui l'entourait de la vie et du bonheur, elle déploierait ses ailes et retournerait dans sa céleste patrie, laissant au cœur de ceux qui l'avaient aimée cette amertume qui semble être un condition nécessaire de tout bonheur humain.

Henry, sans hésiter, vint prendre la main d'Anna, dont le cœur battait à peine, tant elle était oppressée de crainte et de plaisir; Conrad fit résonner l'archet, joua une valse composée par Henry, et les valseurs partirent.

Mais la lune commençait à monter derrière les arbres, et sa lueur blanche paraissait au-dessus de leurs cimes. Il y avait à cette heure tant de calme, tant de solennité dans le recueillement de la nature, que l'on cessa de valser, et que, rapprochés devant la porte de la maison, où le vieux Gulf fumait tranquillement en regardant les jeunes gens, tous les danseurs se laissèrent aller à une conversation plus grave et plus intime. Tout à coup, Henry et Anna, qui étaient restés en arrière s'approchèrent du vieillard, et Henry lui dit :

— Mon père, nous nous aimons, donne-nous ta bénédiction.

Tous deux s'agenouillèrent. Wilhem Gulf les bénit et demanda pour eux au ciel de plus puissantes bénédictions. Conrad vint serrer la main de Henry ; Henry donna à Anna Gulf un bouquet de bruyères qu'il avait à la main ; Anna entra brusquement dans la maison et se réfugia dans sa chambre, où elle put donner un libre cours aux larmes de bonheur qui l'étouffaient. De ce jour, ils furent promis, et l'on s'occupa des préparatifs du mariage.

Mais, un jour, Henry arriva sombre et triste

chez le garde général et lui montra une lettre qu'il avait toute froissée ; un oncle mourant à Mayence le priait de venir lui fermer les yeux.

Anna lui dit :

— Ne m'oubliez pas et revenez bien vite.

Elle ne dit pas un mot de plus, car elle l'eût prié de ne pas partir ; cette nouvelle lui avait serré le cœur ; les plus funestes pensées se présentaient en foule à son imagination ; le bonheur est une chose si fragile, il y en a si peu de réservé à l'homme, que ce qu'il en peut avoir lui semble toujours pris sur la part des autres, qu'il se cache comme un voleur pour en jouir, et n'ose être heureux que tout bas.

Le père Gulf reçut la nouvelle sans s'émouvoir ; il dit à Henry :

— Bon voyage, mon fils, et reviens auprès de moi aussitôt que tu te seras convenablement acquitté des devoirs que t'impose la nature. Quand pars-tu ?

— Je partirai cette nuit, dit Henry, pour joindre la voiture qui passe sur la route, à huit lieues d'ici, demain matin.

— Prends ta carabine, ajouta le vieillard.

Vers minuit, en effet, Henry se mit en route, le sac sur le dos et le fusil sous le bras ; il fit un détour ; car, avant de quitter le pays, il voulait voir encore une fois la maison d'Anna, et la lueur de la veilleuse qui brûlait dans sa chambre.

Comme il approchait, il cueillit quelque brins de bruyère blanche et en tressa une couronne pour l'appendre à la fenêtre de sa bien-aimée. Il écarta doucement les branches des coudriers qui entouraient la maison, et plaça sa couronne ; la veilleuse, à travers les rideaux, éclairait la petite chambre d'une lueur mystérieuse ; Henry rompit la branche de coudrier qui touchait de plus près la fenêtre, et l'emporta.

Puis il partit lentement, se retourna quelquefois, s'arrêta longtemps à l'endroit où le détour du sentier allait lui cacher la maison éclairée par la lune, et disparut.

Le lendemain matin, dès que le soleil glissa ses premiers rayons roses dans la petite chambre, Anna ouvrit sa fenêtre ; ses cheveux étaient en désordre et sa robe froissée ; elle avait pleuré tout le soir, et s'était endormie de lassitude sans se déshabiller; elle trouva la couronne blanche, la porta à ses lèvres et la serra sur son cœur.

A chaque relais, Henry envoyait une lettre ; mais, quel que fût son chagrin, c'est pour celui qui reste que l'absence a le plus d'amertume ; et en peu de temps la pauvre Anna perdit la teinte rose de son visage; il arriva un moment où les lettres devinrent plus rares, puis on n'en reçut plus du tout. Anna ne se plaignait pas, mais ses joues et ses yeux se creusaient et elle pleurait en silence dans sa chambre ; elle devenait sombre et farouche, et fuyait même la société de son père et de son frère Conrad.

Enfin elle devint tout à fait malade ; Conrad avait écrit quatre fois à Henry sans en recevoir de réponse. Un matin, il partit pour Mayence; deux mois après, il revint sur un chariot, blessé, pâle ; au bout de quelques jours il mourut, tué par Henry.

Voici ce qui était survenu.

En arrivant à Mayence, l'oncle s'était trouvé moins malade que Henry ne s'y attendait ; sa ressemblance avec son père avait comblé de joie ce parent, qui attribua sa prochaine convalescence à l'arrivée de son neveu. Cet oncle était fort riche, et, de ses nombreux enfants, n'avait plus qu'une fille très-belle qu'il imagina de faire épouser à Henry. Celui-ci n'osa refuser tout d'abord, prit du temps pour demander le consentement de sa mère, et lui écrivit de le refuser; mais, dans le temps que la réponse mit à venir, il s'était habitué à sa cousine et à la fortune, et il ne fut pas médiocrement enchanté, au lieu de la lettre qu'il avait demandée à sa mère, d'en recevoir une où elle lui peignait tous les avantages de l'union qu'il était à même de contracter.

Il en vint, au milieu des plaisirs d'une grande ville, à oublier Anna, et à regarder les engagements sacrés qu'il avait pris avec elle comme un jeu d'enfants auquel devait renoncer l'homme raisonnable.

Conrad était arrivé le jour du mariage de Henry avec sa cousine; il avait fait de vifs reproches à son ancien ami, et, exaspéré de ne pouvoir le fléchir par la peinture de la tristesse et des souffrances de sa sœur, il l'avait insulté et provoqué en public; ils s'étaient battus, et Henry lui avait donné un coup d'épée.

Anna ne pleura pas, mais ses larmes retombèrent sur son cœur et le brûlèrent. De ce moment, elle se consacra entièrement à soigner le père Gulf, bien abattu de la mort de son fils, et à prier. La prière est le refuge du malheureux; c'est un dernier appui quand tous les appuis sont brisés; c'est un lien sacré entre l'homme et la divinité.

Henry se trouva maître d'une grande fortune et époux de la plus jolie femme de la ville de Mayence; tout était nouveau pour lui dans la vie de luxe et de plaisir qui se menait à la ville.

Un an après son mariage, cependant, son beau-père mourut, et sa femme, nouvellement mère, désira se retirer quelque temps à la campagne. Henry acheta un château à quelques lieues du séjour du père Gulf, et y passa toute la belle saison; pendant ce temps, Anna acheva de s'éteindre et mourut sans douleurs apparentes; on l'enterra avec la couronne blanche que Henry avait attachée à sa fenêtre la nuit de son départ.

Comme, un soir, Henry revenait d'une longue partie de chasse, il s'égara dans la forêt et n'imagina pas de meilleur moyen de retrouver sa route que de gagner la maison de sa mère ; de là, il lui devenait facile de s'orienter : la première moitié de sa vie s'était écoulée dans cette partie de la forêt, et pas un sentier, quelque petit qu'il pût être, ne lui en était inconnu. Il fallut passer devant la maison où le père Gulf restait seul avec une vieille servante. C'était encore une belle soirée d'automne, la lueur du soleil couchant éclairait encore obliquement la clairière. Henry soupira et doubla le pas ; il eût marché bien vite, s'il eût pu entendre dans la maison le pauvre vieillard qui veillait la nuit, priait pour son fils et pour sa fille, et disait :

— Henry, Henry, toi qui as tué mes deux enfants, sois maudit, sois maudit !

La forêt était plus silencieuse et plus mystérieuse que jamais ; dans le sentier que suivait Henry, elle devenait à chaque instant plus touffue et plus sombre ; la lune avait peine à glisser de temps en temps un pâle et furtif rayon à travers les branches ; en vain Henry voulait chasser les impressions pénibles qui se réveillaient dans son esprit, en vain il se rappelait sa femme, son enfant, tous les plaisirs qui l'entouraient : le souvenir d'Anna et des jours si heureux, si purs, de son amour, jetait un crêpe funèbre sur toutes ses autres pensées.

Par moments, un vent léger apportait de loin le parfum des chèvrefeuilles fleuris dans la forêt; en marchant toujours, il lui sembla que ce vent apportait aussi par bouffées quelques mesures vagues et singulières d'un chant qui ne lui était pas inconnu.

Il s'avança, et s'arrêta tout à coup en frissonnant.

Il fallait quelque danger extraordinaire pour faire ainsi trembler Henry, le plus brave des chasseurs de cette forêt; et cependant il n'arma pas son fusil, car ce qui l'effrayait n'avait rien d'humain : c'étaient quelques mesures bien distinctes de la valse qu'il avait autrefois composée et que jouait Conrad, le jour où le vieux Gulf avait béni Henry et sa fille ; il fit le signe de la croix et avança.

Puis il ne perdit plus rien des chants : c'étaient des voix de femmes, des voix pures, suaves, fugitives; il s'arrêta et retint son haleine pour écouter. C'était toujours la valse qu'on chantait, et on entendait aussi un frôlement de pieds sur la mesure, mais si faible, si léger, qu'aucun pied humain n'en aurait pu produire un semblable. Ses cheveux se dressaient sur sa tête, ses jambes fléchissaient sous lui; cependant, il avança et écouta encore; on chantait des paroles : c'étaient des paroles qu'il se rappelait avoir faites lui-même sur cet air, dans la nuit où il s'était éloigné d'Anna; il ne les avait jamais dites à personne, et cependant on les chantait :

Quelques instants, et la forêt déserte
Va pour moi seul être un palais riche et pompeux;
Le chêne épais forme une tente verte;
Et sous ce toit frais, parfumé, nous serons deux.

Signe orgueilleux de grandeur souveraine,
Rouge turban plissé sur la tête des rois,
Non, tu n'as pas l'éclat de ces tresses d'ébène
Qui couronnent son front et que nattent mes doigts.

J'ai vu souvent, à des fêtes moins belles,
Briller dans les cheveux d'une femme à l'œil noir
Des diamants aux vives étincelles,
Comme l'étoile bleue au ciel sombre le soir.

Et j'aime mieux l'églantine séchée
Dont ses cheveux tout un grand jour furent liés,
Et j'aime mieux la mousse encore penchée
Qui garde empreints, sur son velours, ses petits pieds.

Ces paroles, composées dans la forêt par Henry, pendant sa route, n'avaient jamais été écrites ; lui-même les avait presque oubliées, et il les entendait sans que la chanteuse se trompât d'un seul mot ; il fit encore quelques pas, et, au détour du sentier, il trouva une clairière tout entourée de hauts châtaigniers et mystérieusement éclairée par la lune.

Il se tapit dans un buisson, et put contempler un étrange spectacle. Des jeunes filles, vêtues de robes blanches et couronnées de fleurs, valsaient en chantant sur la mousse ; mais leurs robes blanches étaient plus blanches qu'aucune étoffe qu'on eût jamais vue, leurs couronnes de fleurs semblaient lumineuses ; leurs pas étaient si légers, qu'on ne savait s'ils touchaient réellement la terre ; leurs voix suaves et mystérieuses ne paraissaient nullement gênées par le mouvement de la valse ; leurs visages surtout étaient d'une effrayante pâleur.

Henry alors se rappela la tradition de la ronde des willis; jeunes filles abandonnées par leurs promis et mortes sans époux, qui, la nuit, dans les bois, dansent entre elles au clair de la lune;

la valse s'arrêta un moment, et Henry entendait le bruit des battements de son cœur. Quelques instants se passèrent à rajuster les couronnes de fleurs, puis on reprit les chants, et c'était encore la valse de Henry que l'on chantait.

Les blanches filles s'enlacèrent deux à deux pour la valse ; une resta seule et jeta autour d'elle un long regard pour chercher une compagne ; sa taille était souple et élancée ; ses cheveux noirs étaient appliqués en bandeaux sur son front ; ses yeux d'un bleu sombre avaient un regard tendre et mélancolique ; elle était couronnée de bruyères blanches.

C'était Anna !

Henry crut qu'il allait mourir.

Anna s'avança vers le buisson qui cachait Henry, et le prit par la main ; la main d'Anna était froide comme un marbre.

Henry n'avait pas la force de la suivre ; mais une puissance surnaturelle le portait.

On chanta ; la valse recommença, et Henry, toujours entraîné malgré lui, valsa avec sa fiancée.

Puis un autre fantôme vint prendre Henry, et

valsa avec lui à son tour ; à celui-ci succéda un troisième, puis un quatrième.

Henry était exténué ; une sueur froide coulait sur son front, et il était aussi pâle que les morts.

Une cinquième morte le vint prendre, puis une sixième, et l'on pressait toujours le mouvement de la valse. Henry, épuisé, demi-mort de fatigue autant que d'effroi, voulait se laisser tomber sur l'herbe et ne le pouvait : une force invincible l'entraînait, et il valsait toujours.

L'air ne pouvait plus entrer dans sa poitrine ni en sortir : il étouffait, il voulait crier et il n'avait pas de voix ; alors Anna le reprit à son tour, et l'on pressa encore le mouvement de la valse ; mais Henry sentit que la robe blanche n'était plus remplie que des os d'un squelette ; la main d'Anna, placée sur son épaule, entrait dans sa chair ; il la regarda : elle n'avait plus ses cheveux noirs en bandeaux, il ne vit plus qu'une hideuse tête de mort, toujours couronnée de bruyères blanches.

Il se débattait et le fantôme l'étreignait dans ses bras et l'entraînait dans un mouvement de valse d'une rapidité dont rien ne peut donner l'idée.

. . . . . . . . . . . . .

Le lendemain, on retrouva dans la forêt le cadavre de Henry.

# UN DIAMANT

Pour l'homme qui entre dans la vie avec une âme et des sens neufs, il est des piéges dans lesquels il est beau de tomber, des erreurs qu'il est louable d'embrasser, des illusions, des chimères qu'il est noble de chérir. Il y a telle folie, telle sottise qui proviennent d'un luxe de séve qu'il faut avoir dans la jeunesse, sous peine de passer justement pour un homme sec et d'une pauvre organisation.

Le plus souvent ceux qui, ayant passé la première moitié de la vie, arrivent à cette époque où l'on a épuisé le nombre de sensations permises à l'homme, et voient qu'alors il va remâcher la même vie, mais désormais sans saveur, soit que cette saveur ait été absorbée, soit que le palais ait perdu sa subtilité; ceux-là, rappelant amèrement leurs espérances, leurs croyances et leurs déceptions, croient pouvoir rire de ceux qui, plus jeunes, croient à la réalisation de leurs rêves et pensent que chaque besoin que Dieu a donné à l'homme renferme une promesse de la satisfaire.

Au commencement de la vie, on est entraîné par une pente irrésistible, mais douce encore, entre des rives vertes et ombragées; l'air est parfumé par les fleurs semées dans l'herbe, et les oiseaux chantent aux bords, dans les oseraies. Ceux qui nous ont précédés, et que nous avons perdus de vue, n'ont plus sur les rives qu'une herbe jaune et brûlée, et marchent sur une eau fétide et presque stagnante, sans qu'aucun effort leur permette de retourner en arrière. Doivent-ils pour cela nous crier d'une voix lugubre :

— Ne vous livrez pas à ce plaisir qui charme vos sens, c'est une illusion, c'est une fantasmagorie; tout à l'heure vous voudrez respirer le parfum d'une fleur, ou entendre jusqu'au bout le chant commencé d'un oiseau ; la fleur et l'oiseau disparaîtront.

Non, ils ne le doivent pas ; car ce n'est pas, ainsi qu'ils le croient, la rive qui s'est transformée, ce n'est pas l'oiseau qui s'est tu, ce n'est pas la fleur qui s'est fanée : ce sont eux qui ont passé. Le parfum de la fleur, le reste du chant de l'oiseau, il y a derrière eux, vous ; derrière vous, d'autres hommes qui en jouiront un instant, et qui, comme vous, passeront en les regrettant.

Qui pourrait voir avec plaisir un vent précoce secouer la fleur des amandiers, sous prétexte que les fruits en mûriront plus tôt ? Est-ce jamais une bonne chose que les fruits de primeur ?

Il y a peu de temps, dans un cercle d'amis, un homme de trente ans se plaignait de la jeunesse actuelle et trouvait sots et ridicules, en général, les hommes de vingt ans d'aujourd'hui ; comme il allait, à ce sujet, s'entamer une longue discussion, la maîtresse de la maison dit avec infiniment de sens et d'esprit :

— Je vais vous dire précisément depuis quelle

époque les hommes de vingt ans vous paraissent si ridicules : c'est depuis que les hommes de trente ans d'aujourd'hui n'ont plus vingt ans.

Aussi n'eussions-nous jamais trouvé ridicules les projets qui se faisaient, un soir d'été, dans un petit salon ouvert sur un frais jardin, dans une rue d'Ingouville, au-dessus du Havre.

— Qu'avons-nous besoin de richesse? disait avec feu Théodore; qu'est-ce que l'or pourrait ajouter à notre félicité? qu'est-ce que la privation de ce vil métal pourrait nous ôter de bonheur? Notre amour ne suppléera-t-il pas à tout? Nous vivrons, Anna et moi, dans une chaumière, plus heureux que sous les lambris dorés; le pain, fruit de mon travail, sera pour elle une céleste ambroisie.

Anna répondit par un tendre regard; Théodore lui semblait bien éloquent; il venait de répéter tout haut ce que le cœur de la jolie fille lui avait dit tout bas plus d'une fois.

Le troisième interlocuteur se détourna pour cacher un sourire; c'était un homme de soixante ans, d'une physionomie douce et avenante.

— Mes enfants, dit-il, je pourrais vous dire bien des choses qui ne vous serviraient qu'à être redites inutilement à vos enfants dans vingt ans, parce qu'alors seulement vous pourriez les croire et les comprendre. Seulement, vous savez que j'aime mon Anna par-dessus tout. Théodore a aussi quelques raisons de croire à mon amitié ; eh bien, je ne donnerai Anna à Théodore qu'après qu'il sera revenu du voyage de commerce que son patron veut lui faire faire.

C'est, en effet, à propos de ce voyage que Théodore avait eu occasion d'exprimer son mépris des richesses.

Le père d'Anna fut inflexible. Les deux jeunes gens crurent devoir céder à la manie du vieillard, et Théodore s'embarqua.

— Adieu, mon Théodore, dit Anna ; je prierai sans cesse pour toi, non pour que tu reviennes riche, mais pour que tu reviennes constant.

Pendant une assez longue navigation, Théodore eut le temps de songer aux lieux si heureux pour lui qu'il allait voir : l'Orient ! il voyait d'avance ce luxe oriental dont on lui avait tant parlé. Il lui semblait que, rien que d'entrer à Constantinople, on devait être riche ; que le sol devait changer les bottes qui le foulaient en babouches étincelantes de pierreries ; que l'air devait métamorphoser le drap d'Elbeuf en drap d'or, et que tout châle devenait cachemire au soleil d'Orient ; tout cheval dont les pieds se posaient sur les sables de l'Arabie, devait être un coursier ardent, noble, impétueux, ami des combats, et toujours prêt à dire : « Allons ! ». Il ne voyait que sofas et carreaux de soie, que suaves parfums... Surtout son imagination rêvait ces mystérieux harems, où vivaient, sous la garde de noirs eunuques, tant de belles Circassiennes et tant de Géorgiennes.

Sans doute, quelqu'une d'elles, en allant à la mosquée, remarquerait Théodore, et, laissant, par hasard, tomber son voile, elle lui permettrait d'apercevoir des charmes inconnus au reste du monde.

Puis une vieille mystérieuse le viendrait trouver le lendemain et l'introduirait, après mille détours, dans le harem. Là, le rêve lui montrait à la fois les plus ravissantes créatures, les boissons les plus exquises, les odeurs les plus enivrantes, le séjour le plus enchanteur, la musique la plus excellente : des danses de fées, des lits de roses effeuillées ; puis de riches peintures, un pavé d'agate, des colonnes de jaspe; sur les femmes, des colliers de perles énormes, des bracelets d'émeraudes monstrueuses, des diadèmes d'opales hyperboliques, des châles à passer à travers une aiguille; il se voyait lui-même paré, fêté, enivré, couronné de roses, couronné de myrte.

Quelque loin qu'on aille, on finit par arriver; on arrive bien à Saint-Maur : trois lieues à faire en coucou.

Théodore arriva à Constantinople.

Pauvre Théodore!

Il trouva d'abord une ville sale, étroite, mal bâtie, tremblotante. Souvent, par les rues, des rosses avec des brides de corde, des hommes à moitié nus. Pour monnaie, de vieilles pièces rognées d'Allemagne, de Hollande, d'Espagne ; pour mets, et c'est le seul favori, le mets par excellence, du riz assaisonné avec du poivre et gluant de beurre : c'est le pilau dans sa perfection; le plus grand talent du cuisinier consiste à ne pas laisser crever le riz, et à le teindre en jaune avec du safran, ou en rouge pâle avec du jus de grenade ; et, quand les officiers mangent avec le sultan, on les régale avec le chourba, sorte de potage au riz encore assaisonné avec du poivre.

Il vit les mosquées sans ornement; car la loi défend d'y introduire ni tableaux, ni statues, ni or, ni argent; mais surtout point de femmes rencontrées aux mosquées, moins encore de voiles tombés, moins encore de mystérieuses vieilles.

Théodore prit le parti de ne songer plus qu'à Anna, à son retour, à ses promesses, à son bonheur; d'ailleurs, le négociant qu'il avait accompagné, devait, à son arrivée, l'intéresser avantageusement dans ses affaires. Le père d'Anna serait content, et n'aurait plus rien à objecter.

Comme, un soir, il calculait les chances de petite fortune que semblait lui assurer la bienveillance de son patron, et que, les deux coudes sur une table, la tête dans les mains, il s'occupait à régler par avance les dépenses de son ménage, à discuter en lui-même la grave question du nombre des domestiques, celle non moins grave du choix du logement, son imagination se frappa de telle sorte, qu'il lui semblait déjà être au moment de la réalisation de ses désirs ; il s'occupait des moindres détails avec la sollicitude qu'on apporte aux choses qui doivent arriver demain. Il pensait à la coiffure d'Anna pour le jour du mariage : elle gardera les cheveux relevés sur le sommet de la tête, qui dégagent si bien son front gracieux.

La nuit le surprit dans cette préoccupation, sans qu'il songeât à allumer une bougie ; tout à coup, on frappa à sa porte, il ouvrit ; un homme, après avoir écouté s'il était suivi, entra brusquement, referma la porte, écouta encore, et lui dit :

— Monsieur, nous n'avons que dix minutes pour conclure une affaire dans laquelle il va de votre fortune et de ma vie. Je suis esclave, employé aux mines ; j'ai volé un diamant ; sous prétexte de maladie, je me suis fait transporter ici. Un roi seul peut payer le diamant dont je vous parle. Aucun prince n'en possède un si beau ; mais c'est pour moi une richesse perdue : il est impossible que je le rende ; car je ne pourrais m'enfuir sans argent. Cependant il peut aussi faire mon bonheur : je ne vous demande, en échange de ce trésor, que la somme nécessaire à ma fuite. Par ce moyen, je serai libre; je regagnerai mon pays et je reverrai mes frères et ma femme.

Tandis que Théodore restait étourdi de cette proposition, l'esclave regardait en tout sens un diamant énorme.

— Certes, il n'y a dans celui-là pas le moindre sable ni rouge ni noir, pas la plus petite teinte jaune ni verte; j'en ai tenu, malheureusement pour moi, beaucoup dans les mains, et jamais je n'en ai vu un aussi beau et aussi parfait. Ce serait un bel ornement sur la poignée du yatagan de Sa Hautesse... Allons, monsieur, dit l'esclave, vous, étranger, il vous est facile de fuir. Si vous voulez, pour quelques ducats, vous êtes millionnnaire, et moi, je suis libre.

Il est probable que l'esclave n'a pas dit le mot *millionnaire...*

Je le crois comme vous. Mais il n'a pas dit non plus *facile* ni *fuir*.

Je ne sais pas l'arabe; je le saurais, que peut-être vous ne le savez pas. Voulez-vous que, sous prétexte de couleur locale, je le fasse parler comme les nègres de roman : « Maître à moi, moi avoir un diamant? »

L'esclave voulait fuir; Théodore donna ce qu'on lui demandait, puis lui-même s'occupa de sa fuite; il emprunta de l'argent à son patron et partit la nuit.

Nous n'entrerons pas dans les détails de son voyage; pour ne pas être rejoint,—car l'esclave ne lui avait pas caché qu'il serait sans doute poursuivi,—il fit deux fois le chemin par les routes les plus désertes, les plus fatigantes. Un jour, avec son guide, il fut rencontré par des Arabes voleurs.

— Avez-vous de l'argent? lui dit le guide.

— Je n'ai que l'argent nécessaire à ma route, reprit Théodore.

— Alors n'opposons aucune résistance; après nous avoir fouillés, ils nous laisseront de quoi continuer notre voyage, peut-être économiquement, mais n'importe.

— Il importe beaucoup, dit Théodore.

Et il reçut d'un coup de pistolet le premier Arabe qui s'avança vers eux.

On tira les sabres. Le guide fut tué; Théodore, au tiers assommé, et emporté prisonnier.

On le fouilla; malgré sa résistance, on prit son diamant; sa douleur fit croire aux Arabes que c'était une amulette : une femme en fit un jouet pour son enfant.

Le chef le prit en amitié, et lui dit, un jour, qu'il pourrait s'en aller avec tout ce qu'on lui avait pris, sitôt qu'il serait guéri. La mère de l'enfant, qui prenait le diamant pour un talisman, se jeta à ses genoux pour le prier de le laisser à son fils; elle alla plus loin : elle lui en offrit le plus haut prix qu'elle pût offrir. Les richesses endurcissent; il refusa. Alors elle, à son tour, refusa formellement de le rendre.

La nuit, Théodore mit un bâillon à l'enfant, et s'enfuit avec son trésor. Deux jours et deux nuits il se cacha dans une caverne, sans manger ; puis, rencontré par une caravane, il continua sa route, toujours inquiet, défiant, repoussant la moindre politesse avec humeur, prêt à poignarder le voyageur dont le regard malencontreux s'arrêtait sur l'endroit où il tenait le diamant caché, demandant dans les auberges la plus mauvaise chambre, pour ne pas laisser soupçonner sa fortune.

Il écrivit au père d'Anna ; sa lettre commençait par ces mots : « Je suis riche, excessivement riche. » Cette nouvelle, ainsi annoncée avant de parler de tant d'autres choses plus importantes, mécontenta Anna ; cependant, en songeant que c'était pour elle que Théodore avait voulu devenir riche, elle ne songea plus qu'à le recevoir plus tôt qu'elle ne pouvait naturellement l'attendre.

Cependant, la pensée de cette grande fortune de Théodore ôta à la joie de la jeune fille beaucoup de son abandon et de sa grâce ; le père, de son côté, par un sentiment noble en lui-même, mais exagéré, ne voulut pas paraître aussi prévenant que de coutume, pour ne pas sembler trop empressé. Théodore, au contraire, sentait combien les rôles étaient changés ; combien lui, qui demandait une grâce peu de temps auparavant, semblait alors en faire une par la nouvelle position que le sort lui avait donnée ; et, pour dissimuler cette pensée qui se glissait en lui, malgré lui, il affectait un air amical et familier ; mais, comme tout ce qui est affecté, cela se fit maladroitement, et augmenta la réserve du père et de la fille. Cette réserve, à son tour, blessa Théodore. Enfin, quoique les trois personnages de ce récit ne changeassent rien à leurs premières intentions, ils ne s'en séparèrent pas moins, après cette première entrevue, forts mécontents les uns des autres. Cependant, deux ou trois jours après, il y eut entre les deux jeunes gens un moment d'expansion.

— Je ne sais pourquoi, disait Anna, cette grande fortune que vous nous avez annoncée m'épouvante ; nos projets étaient si beaux ! tout cela sera détruit. Adieu à cette petite maison d'où l'on voyait si bien la mer ; elle est cependant à louer en ce moment.

— Ma belle Anna, reprenait Théodore, nous irons à Paris, et nous habiterons un hôtel dans le plus beau quartier.

— Théodore, je regrette la petite maison ; les arbres en sont d'un si beau vert, l'air y est si pur ! Hier encore, je suis sortie un moment avec ma bonne, et j'ai prolongé ma promenade jusque-là ; je la regardais avec amour. « C'est là, disais-je, que nous vivrons, que nous serons heureux ensemble ! » Et, par la pensée, déjà j'y divisais notre logement; il y a une pelouse molle comme du velours, il me semblait y voir se rouler des petits enfants.

Théodore partit pour Paris ; quand il arriva, le joaillier du roi, auquel on lui avait conseillé de proposer son diamant, était absent pour quelques jours.

Théodore profita de ce temps pour choisir un hôtel et des meubles, pour essayer des chevaux et une calèche : il prenait note de tout ce qu'il voyait de beau, des tapis, des porcelaines, des dentelles ; en attendant, il était fêté et caressé par une foule de parents et d'amis qu'il ne s'était jamais connus auparavant. Quand il entrait dans un salon, on disait tout haut : Théodore N...; » et tout bas : « Qui vient de faire en Orient une fortune si prodigieuse. » Toutes les prévenances, tous les regards étaient pour lui ; les mères lui faisaient les honneurs de leurs filles; les filles lui trouvaient l'air distingué.

Hélas ! hélas ! voici Théodore sur une pente bien rapide ; et vous pensez que la pauvre Anna court grand risque d'être oubliée.

Je le croirais aussi, et cependant, malgré tout

cela, nous vîmes, il y a deux ans, Théodore N...
à Ingouville ; il habitait avec son Anna la maison
d'où l'on voyait si bien la mer, et sur la belle
pelouse se roulait un enfant.

Était-ce la suite d'un généreux effort de Théodore ? Je voudrais avoir à le dire ; mais Théodore avait là une place de dix-huit cents francs, et voici comment cela s'était fait, heureusement pour lui :

Quand il s'était présenté devant le joaillier de la couronne, celui-ci, après avoir bien examiné le diamant, lui avait dit :

— C'est, en effet, une pièce remarquable ; je ne me charge pas de cela ; mais, à cause de l'exactitude de l'imitation, vous en trouverez partout dix francs.

Ces dix francs avaient servi à Théodore pour regagner le Havre à pied.

# BERTHE ET RODOLPHE

Un soir, le jeune musicien Rodolphe Arnheim et Berthe, la plus jolie des filles de Mayence, se trouvaient seuls. Rodolphe et Berthe étaient promis, et cependant ils allaient être séparés le lendemain. Rodolphe partait pour une province éloignée. Pendant deux ans, il devait y prendre des leçons d'un maître habile; puis, à son retour, le père de Berthe lui résignerait ses fonctions de maître de chapelle et lui donnerait sa fille.

— Berthe, dit Rodolphe, jouons encore une fois ensemble cet air que tu aimes tant. Quand nous serons séparés, à la fin du jour, heure des pensées graves, nous jouerons chacun notre partie, et cela nous rapprochera.

Berthe prit sa harpe, Rodolphe l'accompagna avec sa flûte, et ils jouèrent plusieurs fois l'air favori de Berthe. A la fin, ils se prirent à pleurer, et s'embrassèrent : Rodolphe partit.

Tous deux furent fidèles à leur promesse. Chaque soir, à l'heure où ils s'étaient vus pour la dernière fois, Berthe se mettait à sa harpe, Rodolphe prenait sa flûte, et ils jouaient chacun leur partie. Cette heure du soir est solennelle et mystérieuse, elle dispose invinciblement à la rêverie ; dans les vapeurs qui montent rougeâtres à l'horizon, il semble que l'on voit apparaître vivants et animés tous ses souvenirs, toutes ses journées, les unes riantes et couronnées de roses, les autres pâles et voilées d'un crêpe.

A cette heure, le dernier frémissement du vent dans les feuilles semble moduler les airs auxquels nous rattachons de doux et de tristes souvenirs : la musique est la voix de l'âme.

Rodolphe, par moments, s'arrêtait ; il lui semblait entendre se mêler aux sons de sa flûte les vibrations de la harpe de Berthe. Deux ans se passèrent ainsi.

Un soir, Berthe se trouvait avec son père sous la tonnelle de leur petit jardin. Cette tonnelle était formée par cinq acacias, qui mêlaient dans le haut leur feuillage et leurs grappes blanches et parfumées ; entre les acacias, des lilas d'un vert sombre fermaient les espaces vides de leur épaisse feuillée ; trois ou quatre chèvrefeuilles grimpaient autour des acacias, et laissaient pendre de longues guirlandes fleuries.

A travers l'étroite entrée laissée à la tonnelle, on voyait à l'horizon une bande de pourpre produite par les reflets du soleil couchant. C'était l'heure consacrée aux souvenirs : Berthe joua sur la harpe son air favori ; mais tout à coup elle s'arrêta pour écouter.

Tout était silence ; le vent même à cette heure cesse d'agiter le feuillage. Berthe recommença l'air, et elle entendit encore la flûte de Rodolphe l'accompagner.

C'était Rodolphe qui revenait.

Deux ans après, Rodolphe et Berthe possédaient une charmante petite fille, fruit chéri d'une union que le père de Berthe avait bénie avant de mourir. Rodolphe était maître de chapelle, et le revenu de sa place donnait aux deux jeunes gens une aisance suffisante.

Rodolphe venait d'acheter une jolie petite maison. Derrière se trouvait un épais couvert de tilleuls ; devant, une verte pelouse sur laquelle se roulait l'enfant. Les murailles blanches étaient tapissées par de grands rosiers du Bengale ; et puis tout cela fermait si bien ! il n'y avait pas la moindre fente aux portes par laquelle pût pénétrer un regard du dehors : les gens heureux sont d'un accès difficile.

Alors mourut l'enfant, et Berthe mourut de chagrin quelques mois après.

Quand elle sentit sa fin approcher, elle dit à Rodolphe :

— En vain je veux me rattacher à la vie par mes prières ; il faut que j'aille rejoindre notre enfant, que je t'abandonne et que j'aille t'attendre dans une vie meilleure. Si la puissance reste aux morts de reparaître sur la terre, tu me reverras ; mon ombre errera autour de toi ; car mon ciel, c'est le lieu où est Rodolphe. Quand le jour sera venu où nous pourrons nous réunir, je viendrai te chercher, et nos deux âmes, confondues, s'élèveront pour ne plus redescendre sur une terre où elles n'auront plus aucun lien. Chaque année, au jour de ma naissance, heureux ou malheureux, aimé ou abandonné, triste ou gai, à l'heure où le soleil se couche, à l'heure où les prières montent au ciel avec les sons de la cloche du soir et le parfum qu'exhalent les fleurs avant de fermer leur calice, tu joueras cet air qui a si longtemps pour nous charmé les douleurs de l'absence, seule consolation qui te restera dans une bien longue séparation. Cette musique sera plus harmonieuse à mon âme que les concerts des séraphins.

Puis elle l'embrassa et mourut.

Rodolphe devint fou. On le fit voyager quelque temps. A son retour, sa tête était plus calme; mais une sombre mélancolie s'empara de lui et ne le quitta plus. Il se renferma dans sa maison, sans y vouloir recevoir personne, sans vouloir sortir et aller nulle part. Il laissa la chambre de Berthe telle qu'elle se trouvait au moment de sa mort, le lit encore défait, la harpe dans un coin.

Quand arriva le jour de la naissance de Berthe, il se para, ce qui ne lui était pas encore arrivé. Il remplit la chambre de fleurs ; et, lorsque vint le soir, il s'enferma et joua sur la flûte l'air qu'ils avaient si souvent joué ensemble.

Le lendemain, on le trouva étendu roide sur le plancher. Quand il reprit ses sens, il était devenu fou ; il fallut encore le faire voyager. Au bout d'une année, il revint dans sa maison ; son cerveau paraissait rétabli ; seulement, il était triste et silencieux.

Arriva encore le jour de la naissance de Berthe ; il remplit la chambre de fleurs fraîches, et, vers le soir, il s'enferma, paré comme au jour de ses noces ; puis il joua sur sa flûte toujours le même air.

Le lendemain, on le trouva encore étendu par terre.

Mais, quand on voulut l'emmener, il dit froidement que, si on ne le laissait pas dans la maison où était morte sa femme, il se tuerait. On crut devoir lui céder, d'autant que sa raison ne paraissait pas ébranlée de ce nouvel accident.

Voici ce qui lui était arrivé :

Au premier anniversaire, dès qu'il avait joué, les cordes de la harpe avaient vibré, et d'elles-mêmes accompagné la flûte.

Quand il s'arrêtait, les sons de la harpe s'arrêtaient de leur côté.

Au second anniversaire, pensant qu'il avait été victime d'une illusion, il recommença, et la harpe joua sa partie; il cessa, et les sons de la harpe cessèrent; il porta la main sur les cordes, et sa main sentit les dernières vibrations de ces cordes.

Aux deux fois, il était tombé frappé de terreur, et avait passé la nuit dans un profond évanouissement.

Mais il finissait par s'habituer à cette violente émotion, et à n'y trouver qu'une sorte de plaisir poignant.

Toutes ses soirées et la plus grande partie de ses nuits se passaient ainsi. Ses joues se creusaient; ses yeux seuls paraissaient vivants au fond de leur orbite, et brillaient d'un éclat surnaturel ; il n'avait plus de vie que précisément de quoi sentir et souffrir.

Un ami, que le hasard ou une fatuité de constance lui avait conservé dans son malheur, s'alarma, et voulut savoir ce que Rodolphe faisait dans cette chambre. Il dit qu'il jouait de la flûte, et que l'ombre de Berthe jouait de la harpe ; que la mort était bien réellement le commencement d'une autre vie ; qu'à mesure qu'il se sentait mourir, il se sentait vivre plus intimement avec sa femme, qu'il avait tant aimée ; que, pendant cette mystérieuse harmonie qu'il entendait tous les soirs, il lui semblait voir Berthe à sa harpe ; qu'il se trouvait heureux, qu'il ne désirait rien de plus, et ne demandait rien de plus au ciel ni aux hommes.

C'était le troisième anniversaire de la naissance de Berthe. Rodolphe remplit encore la chambre de fleurs ; lui-même était paré d'un bouquet. Il avait jonché le lit de la morte de roses effeuillées.

Puis, au soleil couchant, il prit sa flûte et joua l'air de Berthe.

L'ami s'était caché derrière une draperie : il

frissonna en entendant les sons de la harpe se mêler à ceux de la flûte. Rodolphe se mit à genoux et pria.

La harpe alors continua seule ; on voyait les cordes vibrer sans qu'aucune main les touchât. Elle joua une musique céleste, que personne n'avait jamais entendue et que personne n'entendra jamais. Puis elle reprit l'air de Berthe ; et, quand il fut fini, tout à coup toutes les cordes de la harpe se brisèrent, et Rodolphe tomba sur le parquet.

L'ami resta quelque temps aussi immobile que son ami ; puis, quand il alla pour le relever, Rodolphe était mort.

# BOURET ET GAUSSIN

Au temps où il y avait des gentilshommes et des filles d'Opéra, un comte, peut-être même un marquis, peu importe, s'avisa, dans un moment d'abandon, de signer à une danseuse un papier ainsi conçu :

« Je promets payer à mademoiselle *** cent louis par mois, aussi longtemps qu'elle m'aimera. »

Quelque temps après, cette liaison finit comme toutes celles du même genre, sans que ni l'un ni l'autre sût précisément quand, pourquoi, ni comment. Le marquis eut d'autres maîtresses, la danseuses d'autres amants.

A vingt ans de là, la danseuse ne dansait plus : un monstrueux embonpoint l'avait éloignée du théâtre, et avait éloigné d'elle ses adorateurs. La sylphide, autrefois si brillante, que des chevaux écumants semblaient fiers de promener, que de riches cavaliers suivaient, s'efforçant d'attirer un regard, un sourire, seule, presque pauvre, allait à pied dans une douillette de soie violette, le matin, à l'église, à deux heures, à la place Royale, et, le soir, chez quelques amis, faire une partie de whist.

Le marquis, de son côté, était marié, père de famille, et honoré d'une place dans la vénerie d'un roi qui ne chassait pas. C'était un homme calme, rangé, et ne se rappelant ses plaisirs de jeunesse que pour les blâmer dans les autres, ainsi qu'il arrive à tous les hommes qui appellent crimes les plaisirs qui leur échappent, et vertus les infirmités qui leur arrivent.

Or, il advint, un soir, que la danseuse n'alla pas faire sa partie de whist, et qu'elle resta seule dans son modeste logement.

D'abord, elle s'ennuya. Quand le moment présent n'apporte ni plaisir ni chagrin qui puissent alimenter le cœur et l'esprit, on se rejette naturellement sur le passé ou l'avenir; une femme de quarante ans n'a pas d'avenir.

La danseuse évoqua le passé, se rappela sa beauté et ses diamants, ses voitures, ses chevaux, ses amants, ses parures, et machinalement ouvrit un tiroir où elle avait serré quelques portraits et quelques lettres; elle regarda et lut, non sans quelques larmes de regret. Tout à coup, il lui tomba sous la main l'engagement signé par le marquis, lequel, cinq ou six jours après, comme il déjeunait avec son fils, qu'il chapitrait vertement sur quelque incartade, vit entrer un domestique qui lui remit un papier plié en quatre.

Le papier était timbré du timbre royal et contenait ce qui suit :

« Louis, par la grâce de Dieu, roi de France et de Navarre, à tous présents et à venir, salut. A la requête de demoiselle ***, et en vertu d'une reconnaissance et promesse en bonne forme, et dûment signée, dont copie annexée à la présente sommation :

» Je promets payer à mademoiselle *** cent louis
» par mois, aussi longtemps qu'elle m'aimera. »

» Ladite demoiselle, par le ministère de maître Durand, procureur au Châtelet de Paris, par exploit en date de ce jour, fait signifier à M. \*\*\* qu'elle n'a jamais cessé de l'aimer, qu'elle l'aime toujours et l'aimera toute sa vie ; en conséquence de quoi, faisons commandement à M. \*\*\* d'avoir à payer à ladite demoiselle la somme de six cent quatre mille francs, formant les arrérages et les intérêts, pendant vingt ans, de la pension consentie par ledit M. \*\*\* à ladite demoiselle, sans préjudice de l'avenir. En foi de quoi, et pour qu'il n'en ignore, lui avons laissé la présente copie, dont le coût, etc., etc. »

Le marquis fut un peu étourdi, puis fit parler à la demoiselle, lui faisant observer que cette pièce n'aurait probablement pas de valeur en justice ; qu'elle ne produirait qu'un scandale inutile pour elle et fâcheux pour une famille honorable. Elle tint bon et annonça qu'elle plaiderait ; par suite de quoi, le marquis fut amené à une transaction assez onéreuse, mais qu'il préféra au ridicule d'un semblable procès, car alors on commençait à soupçonner qu'un marquis pouvait quelquefois être ridicule.

Cette anecdote nous en remet en la mémoire une autre quelque peu plus ancienne, et qui ne manque pas d'intérêt.

Vers l'an 1730, arriva à Paris, de je ne sais quelle province, un jeune homme dont tout l'avoir consistait en un habit à peu près convenable, vingt ans, vingt écus et une lettre de recommandation. Au bout de huit jours, il avait perdu sa lettre de recommandation, dépensé ses vingt écus, l'habit s'usait au coude, il ne lui restait plus pour présent et pour avenir que ses vingt ans; ce qui ne rapporte guère qu'un grand appétit et des désirs d'autant plus grands qu'on ne peut les satisfaire. Il y avait loin de là aux rêves dorés qui l'avaient amené à Paris.

Le pauvre garçon, à entendre parler du luxe, des parures, des fracas de la ville, avait imaginé qu'il suffisait d'être dans les murs de Paris pour avoir un hôtel, des laquais et des chevaux; il fut fort étonné le premier jour qu'il fut obligé de se coucher sans souper, lui qui s'attendait, comme on dit, à voir les alouettes toutes rôties et les perdrix tout accommodées aux choux, trop heureuses qu'on daignât les manger.

Cependant, comme c'était un jeune homme de cœur et de résolution, il ne voulut pas se laisser mourir de faim ni de chagrin ; il déterra un sien parent, bourgeois de la ville, et lui demanda assistance. Le bourgeois n'eut rien de plus pressé que de placer son neveu, pour se dégrever de ce surcroît de famille, et Bouret eut le bonheur d'entrer chez le comte de *** en qualité de secrétaire du secrétaire de monseigneur.

Là, il avait un bon lit, une bonne table et des habits convenables ; mais il était ambitieux, et tout ce qu'il voyait le dévorait de désirs. La nuit, retiré dans sa chambre, il attendait quelquefois longtemps le sommeil en songeant aux chevaux, aux laquais, aux habits de monseigneur, aux respects dont il était environné, et, plus que tout cela, aux femmes qui embellissaient ses soupers.

— Oh ! je ferai fortune, se disait-il ; je serai riche aussi, et j'achèterai des laquais, des respects, des chevaux et de l'amour.

Puis il s'endormait, et ses rêves le berçaient des plus riantes illusions, jusqu'au moment où on le réveillait pour qu'il prît les ordres du secrétaire de monseigneur. Alors il fallait dire adieu à ses beaux songes, avec l'espoir de les retrouver le soir.

Un jour, le comte chargea son secrétaire d'une lettre pour mademoiselle Gaussin, l'actrice la plus séduisante et la plus à la mode qui fût alors. Le secrétaire en chargea Bouret ; celui-ci eut la fantaisie de voir ce qu'on pouvait écrire à mademoiselle Gaussin. Il ouvrit la lettre et n'y trouva que du papier pour une valeur de quinze mille francs. D'abord, il fut fâché que cette femme si belle, qu'il avait vue une fois au théâtre, et dont il avait gardé un profond souvenir, vendît ainsi son amour.

Il pensa que lui, avec son cœur, jeune et altéré de bonheur, avait à donner des trésors qui valaient plus de quinze mille francs ; puis il arriva à trouver le comte bien heureux d'avoir quinze mille francs, et à se dire :

— Quand aurai-je quinze mille francs ?

Il porta la lettre et vit la belle Gaussin. Il la quitta amoureux comme un fou, jaloux comme un tigre du bonheur qu'achetait son maître. Pendant les jours qui suivirent, il croyait tou-

jours entendre sa voix, et il tressaillait; il croyait
la voir, et ses yeux lançaient des éclairs; puis
il finissait par son refrain ordinaire :

— Oh! je ferai fortune !

Une nuit qu'il ne dormait pas, il lui vint en
l'esprit une idée bizarre et hardie. Il se leva, alluma
une bougie et se hâta de la mettre à exécution
avant que les obstacles se présentassent à
ses yeux assez clairement pour l'en détourner.

Il écrivit à mademoiselle Gaussin.

« Mademoiselle, lui disait-il, que votre vue,
le son de votre voix, m'aient troublé la raison
au point que je n'aie plus ni appétit ni sommeil,
et que je sois devenu incapable de m'occuper
d'une pensée qui n'ait pas rapport à vous,
c'est un effet que vous devez produire sur tout
le monde, et auquel vous êtes accoutumée; mais
ce qui vous étonnera davantage, c'est l'audace
que j'ai de vous offrir mon cœur en la situation
misérable et précaire où je me trouve. Je sais
que les grands seigneurs sont à peine assez riches
pour oser mettre un prix à votre possession;
je sais que celui-là s'estimerait heureux qui obtiendrait
de vous la permission de remplir vos

deux mains de pierreries, au point qu'on ne vît plus le pâle incarnat de vos jolis doigts.

» Moi, mademoiselle, la plus forte somme que j'aie jamais vue en ma possession, est une somme de vingt écus, et il y a un an qu'elle est dépensée. Aujourd'hui, en réunissant tout ce que je possède et ce que j'attends de ma famille, je ne trouve qu'un feutre en assez raisonnable état et une paire de bottes beaucoup moins bonnes; de plus, l'espérance d'être chassé de chez M. le comte, s'il s'aperçoit que le secrétaire de son secrétaire s'avise de marcher sur ses brisées.

» A côté de ma pauvreté, je ne puis mettre que mon amour. Ils sont aussi grands l'un que l'autre : la seule différence que j'y mette est que j'espère n'être pas toujours pauvre, et que je crains d'être toujours amoureux.

» Je suis trop épris pour pouvoir peindre ce que je sens ; je ne puis que vous dire que je me croirais trop heureux de donner toute ma vie pour une heure de votre amour, et que j'ai plus d'une fois demandé au ciel le secret de faire, avec mon sang, de l'or ou des diamants, que je puisse vous offrir.

» Néanmoins, j'ai bon courage et confiance dans l'avenir ; je me sens du cœur et de l'énergie, et, qui plus est, je sens d'immenses désirs et d'immenses besoins : je ferai fortune, je serai riche un jour ; mais qui sait quel jour ?

» J'ai pensé d'abord que je n'avais qu'à attendre, que mon amour pour vous serait un nouveau mobile à mon ambition, et que je reviendrais plus tard à vos pieds, riche et puissant. Mais cette longue attente me tuerait ; et, quelque impossible que paraisse la chose, à vous voir aujourd'hui si fraîche et si belle, il n'est que trop vrai que vous pouvez vieillir, pardonnez l'expression, avant que j'aie fait fortune.

» Voici donc, mademoiselle, ce que j'ai imaginé ; au nom du ciel, ne me refusez pas, ce serait me porter au désespoir. Je vous offre mon amour et ce que je possède ; car, je le répète, je ferai fortune ; je vous offre l'amour comptant ; la fortune à terme, de la manière que voici : Je signerai un papier blanc, je corroborerai cette signature de toutes les formalités possibles, et je le déposerai à vos pieds. Quand j'aurai fait fortune, vous remplirez le blanc de la manière qu'il vous plaira, et j'aurai le bonheur de reconnaître dignement ce qui me semble plus précieux que tout l'argent de M. le comte et que la couronne du roi de France. »

Mademoiselle Gaussin fut surprise, puis s'intéressa à l'auteur de cette lettre; il y avait là de l'amour, de l'originalité, et une confiance dans l'avenir qui prouvait une puissance de volonté et une énergie capables de réussir.

— Puis, se dit-elle, je puis bien donner une fois par charité ce que d'autres payent si cher. Si ce n'est pas une bonne affaire, ce sera une bonne œuvre, et elle me sera comptée dans le ciel.

De sorte que Bouret fut accueilli favorablement. Mademoiselle Gaussin n'eut pas à s'en repentir. Elle trouva en lui un jeune homme bon, spirituel, et, ce qui vaut mieux peut-être que cela, extrêmement amoureux. Cette liaison dura quelque temps, puis Bouret fut chassé par M. le comte et obtint une petite place dans la maltôte; mademoiselle Gaussin recommença à s'occuper de ses affaires. Ils ne se virent plus qu'à des intervalles éloignés; enfin ils se perdirent de vue.

Il s'écoula une douzaine d'années. Bouret avait fait fortune; il était devenu fermier général. Il parait que c'était une fort bonne place, pourvu qu'on n'eût ni préjugés ni scrupules, et qu'on s'y arrondissait rapidement. On plaisantait alors les fermiers généraux comme, de notre temps, on a plaisanté les fournisseurs. Cela rappelle qu'un jour, dans une maison où se trouvait Voltaire, on vint à raconter des histoires de voleurs; chacun dit la sienne. Quand ce fut au tour de l'auteur de *Candide*, il commença :

— Il était une fois un fermier général... Ma foi, j'ai oublié le reste.

Bouret, comme nous l'avons dit, était un homme d'esprit; il laissa plaisanter d'autant plus volontiers qu'il ne payait pas les plaisanteries. Il amassa six cent mille livres de rente, ce qui aujoud'hui vaudrait plus du double; et, dans une fête qu'il donna au roi Louis XV, il fit, pour le recevoir, bâtir un pavillon qui lui coûta quatre millions, ce qu'on peut estimer à neuf ou dix, en mettant l'argent au prix où il est de notre temps.

Tout allait au gré de ses désirs. Ses vœux

étaient satisfaits du côte de la fortune. Une nouvelle carrière s'ouvrit à son ambition ; il demanda et obtint la main d'une cousine de madame de Pompadour.

Comme il se laissait ainsi bercer par le bonheur, il lui revint aux oreilles que mademoiselle Gaussin avait dit quelque part :

— Bouret est riche aujourd'hui : il est juste qu'il paye ses dettes. J'ai de lui une signature en blanc en bonne forme ; je vais la remplir, et lui envoyer son billet.

Il se trouva là quelqu'un qui, soit qu'il n'aimât pas Bouret, soit qu'il voulût se faire bien venir de mademoiselle Gaussin, lui dit :

— Et le moment est d'autant plus favorable, que, quelque envie qu'il en puisse avoir, il ne s'avisera pas de chicaner ni de nier sa signature ; il payera tout ce qu'on demandera, dût-il en crever, pour ne pas ébruiter la chose. Il est près d'épouser une dame de laquelle dépend son élévation : cette dame fait métier de prude, et ne verrait pas d'un bon œil un témoignage aussi évident de sa liaison avec vous.

— Je vous remercie de l'avis, avait répondu

mademoiselle Gaussin, j'aurai soin d'en profiter.

Bouret ne fut pas sans inquiétude : ce qu'on avait dit à mademoiselle Gaussin était vrai. L'honneur de sa future épouse était tel, que la divulgation de cette affaire eût nécessairement fait manquer le mariage. Il chargea un ami commun à lui et à mademoiselle Gaussin de la prier de mettre un prix à l'annulation d'un écrit sans force et sans autorité, offrant de reconnaître cette complaisance par un riche cadeau. Il ajouta qu'il savait que mademoiselle Gaussin avait perdu une partie de sa fortune; que, dans son intérêt propre, il valait mieux qu'elle s'arrangeât à l'amiable avec lui; qu'il était disposé à faire les choses raisonnablement et même généreusement; mais il craignait que mademoiselle Gaussin ne cédât à l'influence d'amis imprudents et ne se livrât à quelque folie.

Mademoiselle Gaussin fit répondre que le marché avait été fait de bonne foi; qu'elle n'avait pas mis de restrictions dans ce qu'elle avait donné; que Bouret n'avait pas prétendu en mettre dans le prix qu'il en avait offert sans qu'on le lui demandât; qu'il n'y avait pas de surprise; qu'on ne demandait que l'accomplissement d'une promesse, et qu'on userait de son droit, comptant sur la probité de Bouret.

Ce qu'on ne disait pas, et qui était au moins aussi positif, c'est qu'on pouvait compter sur la difficulté de la situation du fermier général, qui l'obligeait à passer par où on voudrait.

Il revint plusieurs fois à la charge, l'actrice fut inexorable; à la dernière fois même, elle répondit qu'il n'y avait plus rien à faire, que le billet était rempli, et qu'elle ne tarderait pas à le faire présenter.

En effet, quelques jours après, au milieu d'une fête que donnait Bouret à son pavillon de Croix-Fontaine, demeure presque royale, où il avait réuni tout ce que le luxe et l'élégance peuvent offrir de plus séduisant; comme il s'efforçait de se rendre agréable à sa future par ses soins, ses attentions et ses assiduités, et qu'il lui montrait en détail les richesses et les curiosités de ce séjour qui lui était destiné, un homme se présenta, qui demanda à lui parler en particulier; et, quand ils furent seuls, cet homme lui annonça qu'il venait de la part de mademoiselle Gaussin pour lui présenter un effet signé de lui.

Bouret pâlit ; car il s'agissait pour lui peut-être ou de manquer un mariage auquel il tenait beaucoup, ou de sacrifier une partie de sa fortune. Après quelque hésitation, il ouvrit le billet et lut :

« Je promets d'aimer Gaussin toute ma vie.
» Bouret. »

Il n'est pas besoin de dire que Bouret chercha à reconnaître un tel désintéressement par de riches présents et par une constante amitié.

# JOBISME

## I

*André à Hubert.*

« Maudits soient les poëtes, avec leur hypocrite amour des champs, de la nature, de la solitude et des fleurs. Je t'avouerai franchement que j'en ai quelquefois été dupe dans ma vie, et que, lorsque j'ai pris la résolution de venir ici passer la belle saison, je m'étais fait à moi-même un tableau tout à fait séduisant des plaisirs champêtres et des doux loisirs de la retraite.

» J'avais trouvé ici une charmante habitation, une petite maison blanche avec des volets verts, et un jardin devant la maison. Des fenêtres, la vue s'étendait au loin sur des jardins et sur des bois. Quand Rose est entrée dans la maison, elle a sauté de joie et m'a embrassé. Elle courait partout avec une joie d'enfant. Pendant une semaine, nous avons visité toutes les promenades, parcouru les belles allées des bois, couvertes de leur dôme de feuilles et tapissées de gazon et de mousse. Nous buvions du lait, nous cherchions sous l'herbe les petites perles parfumées du muguet; nous nous mettions les mains en sang dans les buissons d'églantiers, pour avoir leur première rose d'un pourpre pâle. Le premier jour de pluie nous a désenchantés. Nous avons regretté les théâtres et le café Anglais. Depuis ce temps, nous avons passé des journées maussades, qui ont mis quelque aigreur entre Rose et moi. Les femmes n'ont qu'un culte : *c'est ce qui leur plaît. Ce qui leur plaît* est sacré ; elles lui sacrifient tout avec le plus touchant héroïsme. Rose ne comprend pas qu'il n'y a pas moyen pour moi de vivre à Paris. Je n'ose pas lui dire que, depuis deux ans, c'est pour elle que j'ai dépensé un peu plus de deux cent mille francs, qui composaient tout le reste de ma fortune ; que je n'ai d'espoir que dans l'héritage d'un cousin, héritage dont je n'ai jusqu'ici qu'un procès, et que les quelques créances douteuses qui me restent à recouvrer sont toutes nos ressources jusqu'à l'issue de ce malheureux procès. Elle assure qu'elle sera morte d'ennui avant quinze jours, si je ne la tire d'ici. Je ne sais que faire. Je ne connais personne ici, et ne puis lui offrir la moindre distraction.

» Cependant le seul voisin que nous possédions nous a procuré quelques instants de gaieté. Ce voisin est une robe de chambre surmontée d'un bonnet de fourrure. Si nous supposons qu'il y a là dedans un corps et une figure, c'est par induction que nous portons ce jugement, puisque nous n'avons pu découvrir jusqu'ici que le bonnet et la robe chambre.

» Le voisin a un fort beau jardin très-bien entretenu, et les plus beaux chiens de chasse que j'aie jamais vus. De nos fenêtres, nous dominons entièrement son jardin. Il a l'air d'un homme parfaitement insociable ; il n'a pas salué Rose une seule fois, et a semblé ne pas s'apercevoir qu'il a pour voisine la plus belle fille de Paris. Rose s'est piquée et a imaginé de jeter par la fenêtre, dans ses plates-bandes scrupuleusement sarclées, des boisseaux d'avoines et de chènevis, qui germent, poussent et font de son jardin le champ le plus sauvage et le plus inculte. Il y a un mois, elle a laisssé tomber plein un carton de graines de pavots. Une poignée de ces graines en contient un peu plus de cinquante mille. Elle m'a appelé ce matin toute joyeuse, en me disant que les pavots commençaient à germer et à couvrir le sol de leur glauque feuillage. Elle a cru devoir y joindre aujourd'hui de la graine d'oignon et de la graine de carotte.

» Depuis quelques mois, tout pousse dans ce malheureux jardin, excepté ce qu'y met le propriétaire, qui ne soupçonne pas la cause d'une semblable fécondité. N'a-t-elle pas exigé, il y a quelques jours, qu'au risque de me faire tirer un coup de fusil par un jardinier, je descendisse la nuit chez le voisin, au moyen d'une échelle, et que j'allasse peindre capricieusement les caisses qui renferment ses grenadiers et ses lauriers-roses ? L'une a été peinte en noir et semée de larmes blanches ; une autre a reçu la caricature du voisin ; une troisième a été couverte de bandes tricolores. Néanmoins, voilà huit jours qu'il est absent, et cet innocent plaisir de le taquiner nous est enlevé.

» Oblige-moi, mon cher Hubert, d'aller chez mon homme d'affaires t'informer s'il y a lieu d'espérer que ce billet de trois mille francs que je lui ai remis soit escompté ces jours-ci. »

## II

*Le même au même.*

« Tu ne m'as pas répondu. Tu ne sais pas ce que c'est que d'attendre une lettre, et une lettre qui doit terminer une foule d'odieux petits tracas. Depuis quatre jours, il s'est établi entre mon domestique et moi une lutte opiniâtre. Il m'a présenté son livre de dépenses du mois ; c'était, dans ma situation, la plus grande hostilité possible. J'ai pris le livre et je n'ai rien dit. On ne saurait avoir trop de reconnaissance pour un domestique qui aurait l'esprit ou plutôt le cœur de vous épargner ces humiliantes tracasseries ; mais ils semblent, au contraire, se faire un perfide plaisir de votre embarras et prendre une revanche. Je ne garderai pas celui-ci. Le lendemain, le livre que j'avais laissé sur la cheminée, sans l'ouvrir, se trouva placé sur mes gants, de telle sorte que je ne pouvais les prendre sans toucher l'odieux petit livre. Je le jetai de mauvaise humeur sur le parquet. Le lendemain matin, je le trouvai sur les pans de mon habit, de telle sorte que, prenant l'habit pour le mettre, je jetai le livre à terre. Je le ramassai et le mêlai à d'autres livres.

» Ce matin, je sortis de bonne heure ; j'étais prêt, et je me félicitais d'échapper pour cette fois à la persécution de mon ennemi et de son mémoire, lorsqu'en mettant mon chapeau je sentis me tomber sur la tête le maudit mémoire qui était dans le chapeau.

» J'irai demain à Paris. Il faut absolument que je revienne avec de l'argent. Ne sors pas que je ne sois arrivé ; nous passerons la journée ensemble, et, après-demain, nous partirons pour la campagne, où tu resteras avec nous aussi longtemps que tu le pourras. »

## III

### UN DUEL

Les boutiques commençaient à s'ouvrir dans les rues de Paris. On n'entendait encore d'autre bruit que les pas lourds des maçons se rendant à l'ouvrage, le trot pesant des chevaux de laitières dont les charrettes secouaient leurs boîtes de fer-blanc. Un bruit moins saccadé, un trot un peu moins lourd sans être plus vif, un trot de deux chevaux inégaux se fit entendre au détour de la rue de Grammont, et une citadine ne tarda pas à paraître. Elle s'arrêta à une porte à laquelle était déjà une autre voiture à peu près semblable. Deux jeunes gens étaient dans la voiture qui arrivait; l'un des deux descendit, entra dans la maison, et revint quelques instants après.

— Cocher, à Montmartre !

Il monta dans la citadine, qui se mit en route. Alors il dit à son compagnon :

— Ton affaire est arrangée. Le pistolet à vingt-cinq pas ; on marchera jusqu'à dix. Le rendez-vous est à Montmartre. Ils nous suivent.

La veille, André était arrivé à Paris, selon sa promesse. Il n'avait pas rencontré son homme d'affaires. Le soir, il était allé au spectacle avec Hubert.

Dans les soirées parfumées de l'été, il est difficile de se décider à entrer dans un théâtre fétide, à moins que l'on n'en fasse un contraste destiné à augmenter le plaisir de la fraicheur que l'on goûtera en sortant. En un mot, l'été, on ne peut raisonnablement aller chercher au théâtre que le plaisir d'en revenir.

Dans la foule, un homme marcha sur le pied d'André et ne répondit à son observation que par des jurons et des invectives. Hubert répondit en riant ; l'inconnu se fâcha et lui donna sa carte. André donna la sienne en retour.

— Ma foi! disait-il chemin faisant à Hubert, il est difficile d'avoir un duel plus ridicule. Je ne me sens pas le moins du monde altéré du sang de mon adversaire, et cela nous fait perdre un temps précieux ce matin.

— Je ne sais, disait l'adversaire dans l'autre fiacre, pourquoi cet écervelé tient à se battre pour une pareille vétille, et il me fait manquer une chasse aux cailles que je comptais faire ce matin.

Au haut de la côte, les deux voitures s'arrêtèrent. Hubert et l'autre témoin se rejoignirent. André marcha en avant ; *son ennemi* suivit à une vingtaine de pas.

Après quelques instants de dialogue, ils s'arrêtèrent dans un champ, près de Clignancourt, mesurèrent les pas et chargèrent les armes. Alors les deux ennemis s'approchèrent.

André considéra son adversaire, parut fort surpris, et dit :

— Mais il y a ici un étrange quiproquo ; ce n'est pas avec monsieur que j'ai affaire.

— Mais, reprit l'autre, monsieur n'est pas l'homme avec lequel j'ai échangé ma carte hier au soir.

— C'était, dit André, à la sortie du théâtre du Vaudeville.

— Oui.

— Vous m'avez marché sur le pied!

— C'est-à-dire, c'est vous qui avez marché sur le mien.

— Non pas.

— Mille pardons.

— C'est vous.

— C'est vous.

— N'importe, dit André, nous nous sommes querellés, et nous avons pris rendez-vous.

— C'est précisément cela.

— Alors, il n'y a pas d'erreur; je vous croyais plus mince.

— Et moi, je vous croyais plus gros.

— Allons, messieurs, dit André, les armes.

— Les armes, dit sir John.

— Attendez, dit André, et il sortit une carte de sa poche.

Sir John Knitt, *esq*.

— C'est bien moi.

— Alors en place!

— En place.

On compta encore les pas, et les adversaires se trouvèrent en face l'un de l'autre. André boutonna son habit pour couvrir un gilet qui aurait pu le trahir, et dit :

— A vous, *sir John*

— Je ne tire jamais le premier, reprit sir John. A vous donc, monsieur Brasseur.

— Comment, s'écria Hubert, M. Brasseur?

— M. Brasseur? dit André.

— M. Brasseur, répéta sir John Knitt.

Et, cherchant dans la poche de son gilet, il en tira une carte et lut :

M. Paul Brasseur.

— Ce n'est pas moi, dit André.

— Ce n'est pas lui, dit Hubert.

— En effet, dit sir John, mon homme était plus gros.

— Et le mien l'était moins, dit André.

— Il avait les cheveux blonds et des moustaches, et nous n'en avons ni l'un ni l'autre.

— C'est comme le mien.

A force d'explications, on finit par comprendre qu'après une querelle et un échange de cartes avec sir John, M. Paul Brasseur avait eu une pareille querelle et un pareil échange avec André, auquel, au lieu de donner sa propre carte, il avait donné celle de sir John qu'il venait de recevoir.

— C'est une erreur, dit Hubert.

— C'est peut-être un trait d'esprit et de bon sens, dit sir John ; il aura pensé que, s'il se trouvait deux hommes assez fous pour prendre au sérieux une semblable querelle, c'était entre eux qu'ils devaient se battre.

— Messieurs, dit sir John en saluant André et Hubert, pardon de vous avoir fait lever si matin. Moi, je suis chasseur, et cela n'a rien de contraire à mes habitudes. Si vous vouliez accepter à déjeûner à V***, vous seriez les bienvenus.

— Merci, dit André; nous irons à V***, mais ce sera seulement dans quelques heures. J'y ai un pied-à-terre, et mon ami y viendra passer chez moi quelques jours.

— Ce sera donc pour demain, dit sir John.

Et il donna à André une autre carte, sur laquelle il écrivit au crayon son adresse à la campagne.

On se serra la main et on remonta en voiture.

— Chose singulière, dit André, mon ennemi de tout à l'heure n'est autre que mon voisin, que, pour la première fois, je vois hors de sa robe de chambre et de son bonnet de fourrures.

A ce moment, Hubert porta la main à son gousset de montre, puis sembla se rappeler où était sa montre.

— André, quelle heure est-il ?

André fit le même mouvement, et indiqua d'un geste un souvenir semblable.

— N'importe, il y a au moins quatre heures que nous avons ce cocher. As-tu de l'argent ?

— Pas le moins du monde.

— Pourvu que je trouve mon homme d'affaires. Cocher, un peu plus vite.

Et le cocher donna un coup de fouet sur la sellette du cheval de gauche, et un second coup de fouet sur le trait de l'autre cheval.

L'homme d'affaires était chez lui ; mais l'effet était difficile à placer. Il avait eu beaucoup de peine à obtenir une quasi-promesse pour quelques jours plus tard. Hubert et André, rentrés dans leur voiture, se regardèrent sans parler.

— Où allons-nous? dit le cocher.

— Où vous m'avez pris, dit André.

Les deux amis firent un paquet de leurs habits, et les allèrent mettre en gage, puis partirent gaiement pour la campagne.

Nous aurions dû intituler ce chapitre : « Récit exact et circonstancié du grand et mémorable combat qui n'eut pas lieu entre André et sir John Knitt, esq. »

## IV

### LES CRIMES DE BLACK

Sir John, en rentrant chez lui, fut reçu par son jardinier, qui lui dit :

— Ah! monsieur, Black a encore fait des siennes.

— Ce Black, dit sir John, est donc décidément un animal malfaisant?

— Monsieur, il a étranglé et dévoré quatre lapins dans la garenne.

— Dans la garenne ? et comment y est-il entré ?

— C'est ce qu'on ne peut comprendre sans le voir et ce qu'on ne croit qu'à peine après l'avoir vu. Il a rongé la porte de chêne et a passé au travers.

— Quatre lapins ! ce Black est réellement terrible, dit sir John ; comment en est-il venu à manger le gibier ? le meilleur *pointer* de toute l'Écosse !

Black était, en effet, un de ces beaux chiens écossais au poil fauve, rude comme les soies d'un sanglier, et cependant si ras et si uni, qu'on distingue au travers le mouvement des muscles ; c'était un montagnard aux pieds longs et étroits, à l'œil vif et saillant comme un cheval arabe.

Mais, depuis quelque temps, il n'était bruit que de ses forfaits, et le jardinier, ainsi que les autres domestiques, en faisaient chaque jour d'épouvantables récits.

Black mangeait les lapins dans la garenne, les œufs et les poulets dans le poulailler ; il s'introduisait dans l'office, cassait les porcelaines et emportait le beurre et le filet de bœuf froid réservé pour le déjeuner. Black avait récemment dévoré une paire de bottes et des harnais. Les portes les plus fortes ne l'arrêtaient pas ; il mangeait les portes pour se mettre en appétit ; jamais la bête du Gévaudan, jamais le sanglier tué par Méléagre ne firent autant de ravages que le pointer de sir John. Il était tellement venu en usage, dans la maison, de lui mettre tout sur le dos, tant on le jugeait capable de tout, que, si un rosbif était trop cuit, le cuisinier disait :

— C'est la faute de Black, contre lequel j'ai été obligé de défendre la crème ; et, pendant ce temps-là, le rôti a brûlé.

Si les petits pois gelaient, si le vin de Bordeaux était trop froid, si le vin de Champagne ne l'était pas assez, si le thé était trop faible ou trop fort, si les bottes de sir John le gênaient, si le dîner n'était pas prêt à l'heure ordinaire, on trouvait toujours moyen d'en attribuer la cause à ce scélérat de Black.

Black recevait de sévères corrections, mais il paraissait peu sensible aux coups de fouet ; car si, le lendemain d'une exécution, sir John demandait pourquoi on ne lui servait pas de pigeons, le maître d'hôtel répondait :

— Il n'y a plus de pigeons ; Black les a mangés.

— Il faut en remettre dans le pigeonnier.

— Il n'y a plus de pigeonnier ; Black l'a détruit.

Le lendemain matin, les deux amis se présentèrent de bonne heure chez sir John Knitt. Celui-ci était levé et prêt à partir. Les domestiques offrirent à Hubert et à André des fusils et des carnassières. L'équipement du maître de la maison était on ne saurait plus complet. Les Anglais ont des outils pour boutonner les guêtres et des outils pour réparer les outils à boutonner les guêtres. Un Anglais qui va pêcher à la ligne se fait suivre d'un fourgon.

Tout à coup un chien tomba par-dessus un mur ; c'était Black, que l'on avait enfermé, mais qui, au mouvement des gens dans la maison, avait bien compris qu'il était question de la chasse. Il avait sauté à travers un carreau et avait le museau ensanglanté ; une fois dans la première cour, il était séparé de la seconde, où était son maître, par une muraille : il avait grimpé sur une charrette et s'était élancé au hasard. Alors il commença à bondir et à hurler de joie. Il venait flairer la veste de chasse et les guêtres de sir John ; il les reconnaissait ; on allait chasser, plus de doute ; ses yeux lançaient des éclairs ; il allait à la porte, se retournait pour voir si on le suivait, revenait sur ses pas, gémissait.

Mais sir John lui dit sérieusement :

— Black, au chenil !

Le pauvre Black leva sur son maître un œil morne et terne, et s'en alla en rampant, la queue basse, vers une porte qu'on lui ouvrit. Là, il se retourna et leva sur son maître un regard plein de reproche et de prière ; puis il entra, et on referma la porte sur lui.

Jusqu'au départ, il resta dans la paille, la tête tristement couchée sur les pattes ; puis, quand il eut entendu fermer la grille, il fit entendre un sourd gémissement qu'il continua jusqu'au retour de son maître.

Il n'est rien de touchant comme la douleur

d'un chien ; on est tellement sûr qu'elle est exempte d'affectation, et que ce n'est ni un masque ni une parure ! elle est si franche, si naturelle !

Je ne vous raconterai pas une chasse aux cailles. Si vous êtes chasseur, vous la connaissez ; si vous n'êtes pas chasseur, cela n'aurait pas pour vous le moindre intérêt.

Seulement, à ce propos, je citerai un livre imprimé en 1780.

« Lorsque le temps du passage des cailles, pour retourner en Afrique, est arrivé, c'est-à-dire vers la fin d'août, il se fait, aux environs de Marseille une chasse *fort agréable.* On a de jeunes mâles, auxquels on a soin de ne *donner que peu à manger ;* au mois d'avril, *on les aveugle* en leur passant légèrement sur les yeux un fil de fer rouge ; au mois de mai, *on les plume* sur le dos, aux ailes et à la queue, etc., etc. »

Sir John et André eurent les honneurs de la chasse. Hubert ne tua rien, mais ne manqua pas de donner une raison suffisante à chaque coup inutile. L'oiseau était trop loin ou trop près. La poudre était humide, le plomb trop gros ou inégal. Il avait eu le soleil dans l'œil. Une racine l'avait fait trébucher.

On trouva à une halte un excellent déjeuner ; puis on se remit en marche. La chaleur était horriblement pesante : on voyait monter de l'horizon au zénith de gros nuages noirs, couverts d'une légère mousse grise. Il semblait que le ciel s'abaissât sur la terre pour l'étouffer. Bientôt quelques larges gouttes s'échappèrent des nuages, puis ils se fondirent en eau. Sir John ne se résignait pas à rentrer et affirmait à ses compagnons que ce n'était qu'*un nuage*. Mais le nuage semblait une coupole de plomb, et rien ne prouvait qu'il ne continuerait pas de pleuvoir toujours à l'avenir, jusqu'à la fin des siècles.

On se décida au retour, et l'on fit deux lieues sous une cataracte. Arrivé à sa porte, John dit aux deux amis :

— Allez vous changer, et revenez bien vite dîner.

## V

### COMMENT ANDRÉ ET HUBERT VINRENT A BOUT D'UNE CHOSE IMPOSSIBLE

André et Hubert entrèrent chez André sans se parler. Rose les attendait à la fenêtre et les reçut en riant de tout son cœur.

— Voilà, dit-elle, comment devrait finir toute partie de plaisir dont les femmes sont exclues.

— Chère Rose, dit André, vous ne voyez encore que la moindre partie de nos infortunes.

— Eh bien, dit Hubert, que fais-tu là ?

— Et toi ?

— Ce têtu de chasseur nous dit d'aller changer ; tu sais parfaitement que nous ne possédons plus d'autres habits que ceux qui nous couvrent.

— Ou plutôt qui ne nous couvrent pas.

— Plaisante... Et, au lieu de nous poser en Spartiates, de répondre que quelques gouttes d'eau ne nous gênaient pas, tu tournes fièrement du côté de ta maison, et je suis forcé de te suivre. Cela lui est facile à dire, à ce damné de chasseur : « Allez changer. »

Rose fit allumer un grand feu et se retira.

— D'abord, dit André, nous allons changer de linge, puis tordre et faire sécher nos habits.

— Il y en aura pour quatre heures.

— Alors, il y a un autre moyen ; c'est d'écrire à l'Anglais que, nous trouvant subitement indisposés, nous le prions de nous excuser et de dîner sans nous.

Et il se mit à écrire la lettre. Comme il allait la donner à porter, Hubert l'arrêta.

— Nous sommes sauvés.

— Comment?

— Certes, il est agréable de mettre des habits bien secs et bien lustrés, au lieu de garder des vêtements trempés, traversés, noyés ; mais ce n'est pas seulement dans un intérêt de bien-être que nous avons besoin de changer, c'est aussi dans un intérêt de vanité, pour ne pas paraître n'avoir qu'un habit. Eh bien, si le premier but ne peut être atteint, il faut nous contenter de l'autre. Voici nos habits bien tordus ; je vais mettre les tiens, et tu mettras les miens. La différence de couleur suffira pour nous donner l'apparence convenable, et chacun de nous aura effectivement changé d'habits.

## VI

On dîna splendidement. Après le dîner, on but du punch ; il vint un moment où l'on eut tant bu, qu'on sentit plus que jamais le besoin de boire encore. Sir John reconduisit chez eux Hubert et André. Celui-ci fit de nouveau punch, et l'on passa à boire une partie de la nuit. A minuit, Rose se retira pour dormir. Un peu après, une grande et mutuelle tendresse s'empara des buveurs, qui sentirent le besoin de s'ouvrir réciproquement leur âme et de se raconter leurs affaires les plus secrètes. Ces confidences furent interrompues par un grand bruit partant de chez le voisin. C'était un mélange de cris de coqs, de gloussements de poules qui couraient et volaient dans le poulailler.

— Allons, dit sir Knitt, c'est encore Black qui fait des siennes.

## VII

*Sir John Knitt à madame Rose André.*

« Madame,

» Mon *pointer* Black s'étant encore, la nuit dernière, livré à de nouveaux et coupables excès, j'ai pensé devoir mettre un terme aux crimes que depuis longtemps il amasse sur sa tête. Il sera donc, ce matin, jugé devant toute ma maison. Veuillez, madame, accepter à déjeuner chez moi avec M. André et son ami, et assister au jugement, et, tout le donne malheureusement à croire, à la condamnation et à l'exécution de Black

» J'ai l'honneur d'être, madame,

» John Knitt, esq. »

## VIII

### LA VERTU TROUVE TOT OU TARD SA RÉCOMPENSE

Après le déjeuner, on fit paraître Black.

Le pauvre chien vint lécher son maître. Sir John était ému.

— Black, lui dit-il, je t'ai vu naître, je t'ai choisi entre cinq, et tes quatre frères ont été noyés; je t'ai élevé, je t'ai instruit; je t'ai fait chasser autant qu'un honnête chien peut le désirer; je ne t'ai pas fait courir en vain; à chaque arrêt que tu as fait, tu as vu tomber ta victime; ton chenil a toujours été bien sec et bien soigné; chaque jour, j'ai veillé moi-même à ce qu'on remplaçât la paille du jour précédent. Et c'est toi, Black, c'est toi qui es devenu un mauvais tueur de poules, un *pilleur* de basse-cour; c'est toi qui ne chasses plus que les côtelettes et les filets de bœuf! Je ne garderai pas un semblable chien; tu as mis le comble hier à ta rapacité.

Villiam, dit-il au jardinier, emmenez-le au bout du jardin, et qu'il soit pendu.

— Est-ce sérieusement, dit Rose, que vous parlez ainsi ?

— Oui, madame.

William voulut emmener le chien ; mais il se débarrassa et vint se jeter dans les jambes de son maître, montrant autant de terreur de quitter sir John qu'il en eût montré pour mourir, s'il eût pu comprendre son sort.

Sir John regarda son pointer, si beau, si noble, si vigoureux, si ardent à la fois et si sage, si grand chasseur, si soumis, si caressant : s'ils eussent été seuls ensemble, sir John eût embrassé son chien ; mais la vanité qui fait les Brutus le soutint ; il renouvela l'ordre, et William reprit Black.

— Mais enfin, dit Rose, quel est donc cet horrible crime commis la nuit dernière, et qui a décidé la condamnation du pauvre Black ?

— Madame, dit William, il s'est introduit dans le poulailler, et il a tué et dévoré quatre poulets.

Rose regarda William et lui ôta Black des mains.

— Pauvre Black, lui dit-elle, tu ne mourras pas : tu es sous ma protection et sous celle de la justice. Sir John, dit-elle, Black est innocent; la nuit dernière, quand vous étiez à boire chez moi, j'ai entendu un grand bruit dans votre poulailler; je n'étais pas couchée, je me suis mise à la fenêtre, et j'ai vu vos gens tordant le cou à vos poulets et en faisant une fricassée générale. Black n'y était pas et est le seul innocent du crime dont on l'accuse et qu'ont commis ses accusateurs. J'en ai parlé ce matin à une femme qui me sert, et elle m'a dit tout ce qui se passe chez vous : vos domestiques mangent vos poulets et vos pigeons et mettent leur mort sur le compte de Black, qui ne consentirait pas même à en manger les os. Black est un chien fidèle et un bon chasseur.

— Madame, madame, dit sir John fort ému, êtes vous sûre de ce que vous dites?

— Demandez-le à William, qui n'ose regarder ni vous, ni moi, ni son intéressante victime.

— Ah! drôle! c'est toi qui seras pendu! s'écria le maître de William.

William ne fut pas pendu. Mais il arriva qu'un

matin, à peu de temps de là, sir John, forcé de faire un long voyage, vendit ses chevaux et donna ses chiens, excepté Black.

— Monsieur, dit-il à André, votre femme, ou votre maîtresse, peu importe, a sauvé la vie de Black. Je ne peux ni le vendre ni le donner, à moins que ce ne soit à un ami et à un honnête homme, sur la parole duquel il me soit permis de compter. Je vous donne Black à deux conditions, que vous allez me jurer de remplir : d'abord, vous ne laisserez Black, sous aucun prétexte, propager sa race ; si par hasard le cas arrivait, vous feriez pendre ou noyer les chiens qui en proviendraient. Black est le dernier rejeton d'une belle race écossaise. J'ai encore dans mes terres deux de ses frères, condamnés comme lui à un célibat rigoureux. Je ne veux pas que cette race coure les rues. En second lieu, vous ne lui apprendrez pas à rapporter.

— Oh ! oh ! fit André.

— Vous ne lui apprendrez pas à rapporter ! répéta John Knitt.

— Mais, mon cher, dit André, faut-il donc que je rapporte moi-même, ou que je poursuive à travers les luzernes une perdrix démontée ou un lièvre blessé?

— Monsieur, dit sir John en reculant d'un pas, croyez-vous qu'un chien comme Black soit fait pour être votre domestique? Venez avec moi, et vous le verrez chasser, ajouta l'écuyer.

Il prit son fusil, et, suivi de Black et d'un épagneul, il sortit dans la plaine; ils se promenèrent une demi-heure. Soudain, Black tomba en arrêt, immobile : sir John tira sa tabatière.

— Votre chien est en arrêt, dit André.

Sir John ne répondit pas; il ouvrit la boîte doublée d'or, saisit lentement une prise, la savoura, referma la boîte et la remit dans sa poche. Puis il avança; une perdrix isolée se leva et fut immédiatement pelotée. Black la regarda tomber et revint auprès de son maître, qui rechargeait son fusil.

Alors l'épagneul, qui n'avait pas quêté et ne s'était pas permis de prendre jusque-là la moindre part à la chasse, sortit de derrière sir John, alla chercher l'oiseau et le rapporta, puis se remit à son poste.

— C'est un perdreau, dit Hubert, qui arrivait.

— Mon cher Hubert, dit André, je regrette de vous voir arriver pour dire une sottise.

A la Saint-Rémy,
Tous les perdreaux sont perdrix.

## IX

La citation de ce dicton de chasseur démontre assez clairement que l'on était arrivé au mois d'octobre, et qu'il ne restait aucun prétexte à donner à Rose pour habiter plus longtemps la campagne. D'ailleurs, André avait touché ses mille écus, partie en argent, partie en valeurs à courte échéance. On vivait à Paris comme beaucoup de gens y vivent, c'est-à-dire avec un présent si laborieux, si difficile, qu'on n'a pas le temps de s'occuper de l'avenir.

Néanmoins, ce qui rendait la position d'André de plus en plus difficile, c'étaient des dettes dont le nombre et l'importance n'avaient fait que s'accroître depuis plusieurs années.

A chaque instant, il faisait les rencontres les

plus désagréables : un bottier le saluait d'une certaine façon ; un tailleur l'abordait avec son foulard sous le bras, pour lui rappeler une vieille note.

André, il est vrai, mettait le plus grand soin à éviter les rues où demeuraient ses créanciers ; mais quelquefois il était trahi par le hasard. Il y avait un très-grand nombre de rues par lesquelles il ne pouvait plus passer ; quelquefois il lui fallait faire des détours incroyables pour aller d'un point à un autre. Quelqu'un qui l'aurait vu sortir de la rue Saint-Lazare, où il demeurait, remonter la rue Neuve-Saint-Georges et sortir par la barrière Pigale, ne se serait guère douté qu'il allait rue du Mont-Blanc, chez Hubert. Cependant il y arrivait en redescendant par la barrière de Clichy, en évitant la rue de Clichy, prenant la place de l'Europe, la rue de Londres, la rue du Rocher, traversant la rue Saint-Lazare sur un autre point, suivant la rue de l'Arcade et la rue Saint-Nicolas-d'Antin.

Il y avait, pour André, une lieue et demie de la rue Laffitte à la rue de Grammont. Ce point du boulevard et les rues adjacentes lui étaient devenus impraticables; les boulevards surtout présentaient, sur presque toute leur ligne, de très-grandes difficultés. Paris était pour lui un immense *désert*, malheureusement *trop peuplé*.

Un jour, Hubert lui dit :

— Tu étais premier clerc, lors de la mort de ton père; pourquoi n'achètes-tu pas une étude d'avoué? M. Lenoir est un ancien ami de la famille; il ne peut tarder à se retirer des affaires; va le voir.

André fit une visite à M. Lenoir, qui le reçut à merveille et vint au-devant de ce qu'André avait à lui dire.

## X

*M. Lenoir à André.*

« M. et madame Lenoir prient M. André de leur faire l'honneur de passer la soirée chez eux vendredi prochain. On fera de la musique.

» On se réunira à huit heures. »

André, qui était allé deux fois déjà chez M. Lenoir, ne reconnut pas l'appartement, tant il avait subi de métamorphoses pour la solennité du jour. L'étude et la salle à manger étaient devenus des salons. On avait enlevé les tables, les cartons et les buffets, que l'on avait entassés sur le carré et sur l'escalier qui montait à l'étage supérieur; on n'avait pu enlever tout à fait la trace des pains à cacheter qui, le matin encore, tenaient à la muraille une affiche ainsi conçue :

### SUR LICITATION

#### ENTRE MAJEURS ET MINEURS.

*En l'étude et par le ministère de maître Lenoir, etc.*

Quelques têtes de clercs chevelus avaient également laissé une empreinte sur le mur; il était resté, dans l'un de ces deux salons, une odeur de papier moisi, et, dans l'autre, un parfum de nourriture; les tables de jeu étaient dans le cabinet de l'avoué; le salon était fort beau et parfaitement éclairé; la chambre à coucher de madame servait de petit salon, et il n'y avait rien à dire contre, si ce n'est une chose qui ne serait ni comprise ni appréciée, à cause de l'usage général où sont les femmes de Paris de laisser pénétrer tout le monde dans leur chambre à coucher.

Il y avait dans ces diverses pièces à peu près trois fois autant de monde qu'elles en pouvaient contenir, et c'était un démenti formel à cet aphorisme : le contenant est plus grand que le contenu.

Tous les hommes étaient habillés de noir et avaient des cravates blanches, toilette qui est restée en toute propriété aux gens du Palais.

Le grand salon était plein de femmes assises dont quelques-unes étaient élégantes; il y avait néanmoins dans l'ensemble quelque chose d'un peu provincial et maniéré.

Là, du reste, comme dans toute réunion, on achetait la vue de chaque jolie femme par l'apparition nécessaire de trois vieilles, mère, cousine ou tante, qui l'entouraient comme l'enveloppe hérissée d'une châtaigne savoureuse.

La maîtresse de la maison avait une belle voix, et néanmoins laissait chanter ses invitées, et aimait qu'elles chantassent bien. M. Lenoir était un homme de bonne mine, avec des airs si jeunes encore, qu'on était tenté parfois de prendre ses cheveux gris pour de la poudre : c'était un homme d'esprit, qui n'en avait que très-peu, perdu au milieu des gens de robe, lesquels avaient eu le rare désintéressement de ne lui pas prendre ce qu'il perdait.

Quelques hommes s'étaient glissés derrière les femmes où ils se tenaient debout appuyés contre le mur, sans espoir de changer de position de toute la soirée ; toutes les portes et les issues étaient gardées et obstruées. Dans les autres salons, on parlait d'affaires, de dossiers, de chicanes, de plaidoieries ; il y avait presque uniquement des notaires, des avoués, des huissiers, des avocats, des agréés; on reconnaissait quelques premiers clercs à leur élégance particulière : un gilet en soie ponceau, laissant apercevoir une chemise de grosse toile, fermée par une épingle en strass, dont le pseudo-diamant n'était guère moins gros que le régent; une cravate de satin blanc, des gants verts et des bas de coton. Cet excès de parure, ce luxe asiatique ne sont point blâmés ; on sait qu'il faut que tout premier clerc fasse un beau mariage pour payer la charge qu'il médite d'acheter, et l'on admet facilement qu'il ne néglige rien pour charmer les yeux.

André traversa l'étude et la salle à manger et s'arrêta dans le cabinet du patron ; il y avait un fauteuil libre, il s'y plaça et prêta l'oreille à ce qu'on chantait dans le salon ; cependant ses yeux ne restaient pas oisifs, et il lui semblait, par une bizarre hallucination, qu'un grand nombre des figures qui l'entouraient ne lui étaient pas inconnues, sans qu'il lui fût possible d'adapter à aucune un nom humain, d'y rattacher un souvenir.

Un monsieur finit par se lever et venir à lui.

— Monsieur ne me *remet* pas?

— Non, monsieur.

— Je m'appelle...

— Ce nom m'est inconnu.

— Je demeure rue Quincampoix.

— Je ne saurais dire en quel lieu du monde se trouve la rue Quincampoix.

— C'est moi qui suis chargé de l'affaire Grangé.

— Ah! monsieur, je vous reconnais très-bien;

c'est vous qui m'avez fait cent quatre-vingts francs de frais pour un petit billet de cinquante-cinq francs; je suis heureux de voir votre figure.

— Je vous ai écrit ce matin.

— Un papier timbré?

— Non; je vous avertis qu'il ne me reste plus qu'à faire afficher la vente de vos meubles, si, sous trois jours, vous n'avez pas fini ce petit compte Grangé.

— Monsieur, dit André, que pensez-vous de la musique de *la Juive?*

Il lui tourna le dos, traversa la pièce, et se dirigea vers le salon. La musique était finie, après avoir duré trop longtemps, comme toute musique de salon. On allait danser et jouer. Quelques vieillards et quelques premiers clercs invitèrent les danseuses. Presque tous les autres hommes s'établirent aux tables de bouillotte.

A ce moment, André alla saluer madame Lenoir, et lui dit :

— Je voudrais bien savoir le nom d'un petit monsieur qui m'observe depuis mon arrivée et évite cependant avec soin que nos regards ne se rencontrent. Il est là bas ; un habit noir et une figure jaunâtre.

— Ah! dit madame Lenoir, c'est M. Chicanneau...

— Certes, dit André, je le connais on ne peut mieux, maintenant ; il plaide contre moi dans un procès que l'on m'intente à propos de l'héritage de mon cousin. Je l'ai entendu plaider, il y a peu de temps, dans une autre affaire, et je suis sorti, me félicitant de l'heureux hasard qui me le donne pour adversaire ; je n'aurais pu m'en choisir moi-même un meilleur. Mais voici encore une figure que j'ai vue quelque part !

— C'est un avoué ; mais il vient à vous, je vous laisse.

— Eh! monsieur, dit l'avoué à André, je suis charmé de vous rencontrer ici. Votre rentrée dans le monde me démontre que vos affaires vont mieux, et que vous pouvez faire honneur à un petit engagement pour lequel j'ai obtenu un jugement contre vous.

Et, tout en prononçant ces paroles, l'avoué faisait l'inventaire de sa victime ; il cotait son élégance, supputait le prix de son gilet et de sa cravate, appréciait la finesse du drap de son habit.

— Vous savez, ajouta-t-il, que le jugement est par corps?

— Et vous, monsieur, dit André, vous savez, sans doute, que le soleil est couché?

A ce moment, maître Lenoir vint demander à André s'il voulait jouer. C'était son intention; mais, l'avoué ayant pris une carte, il n'osa s'exposer à montrer quelques philippes d'argent aux yeux de son rapace interlocuteur; il répondit :

— Je préfère danser.

Et il alla engager une femme. Dans le quadrille où il dansait, il avait pour vis-à-vis maître Chicanneau, qui, après la contredanse, écrivit sur son agenda :

MEMORANDUM.

*Époux Suteau contre André.*

« Le prétendu légataire danse deux mois après la mort du testateur, quand sa cendre, etc... »

André, qui n'avait dansé que pour ne pas jouer, se retira à l'écart; mais chaque personnage lui paraissait un huissier. Si quelqu'un tirait son mouchoir de sa poche, il lui semblait que ce carré blanc était une sommation. Sa situation ne ressemblait pas mal à celle de M. Pourceaugnac contre les apothicaires. Comme il passait près des tables d'écarté, maître Lenoir l'appela et lui dit :

— Voulez-vous parier vingt francs pour moi?

André mit un louis sur la table, et continua sa promenade. Quand il revint, il avait perdu, et maître Chicanneau avait écrit sur son calepin :

MEMORANDUM.

*Époux Suteau contre André.*

« S'écrier : « Eh! messieurs, que fera de cette
» fortune le prétendu héritier, si vous la lui laissez? Il la jettera en proie au jeu, dont il
» est, etc., etc...»

— Vous perdez sans sourciller, dit à André l'huissier de la rue Quincampoix, qui s'était rapproché de lui.

— Monsieur, dit André, c'est au moins un argent que vous ne me prendrez pas.

Il se dirigea vers la porte.

— Eh quoi! vous partez? dit gracieusement madame Lenoir.

— Oui, madame; je vous remercie de votre invitation; votre soirée était délicieuse.

Il pleuvait, et André, arrivé sous le péristyle, se félicitait d'avoir gardé la citadine qui l'avait amené, lorsqu'il reconnut, descendant derrière lui, l'avoué qui l'avait interpellé.

— Voilà un mauvais temps, dit l'avoué; mais je demeure à deux pas, et, d'ailleurs, *on ne peut* garder une voiture toute la soirée. Si vous voulez traverser la rue avec moi, je vous prêterai ensuite mon parapluie.

André n'osa pas dire qu'il avait une voiture; ce luxe, presque hostile, eût augmenté la fureur des poursuites de l'avoué. Il marcha dans l'eau avec ses souliers minces, et ce ne fut qu'après avoir enfermé l'avoué chez lui qu'il revint prendre sa citadine.

Le lendemain, il était enrhumé.

Le surlendemain, il alla voir maître Lenoir, qui le reçut froidement, et éluda toute occasion de reparler de leur affaire.

Un soir, André dit à Rose :

— Ma chère enfant, il faut que je vous parle sérieusement. Si nous nous étions trouvés réunis par un de ces amours qui sont toute la vie, qui mettent ceux qui les éprouvent à l'abri de tout malheur, qui ne les séparent pas, je vous dirais : Chère Rose, je suis ruiné ; j'ai perdu mon procès ; je n'ai plus de ressources. Je ne veux pas être le parasite de ceux qui ont été les miens quand j'avais de l'argent. Je ne me sens pas le courage de redevenir clerc dans une étude, ni de passer pauvre, honteux, mal vêtu, devant mes émules de folies et de dépenses, qui n'en sont pas encore où j'en suis. De ma fortune, il me reste une petite bicoque en Normandie, une sorte de chaumière, composée de quatre chambres et entourées de pommiers. C'est ce que vous m'avez quelquefois entendu appeler en riant mon château de Roberchon. Je vais vendre les meubles qui garnissent encore cet appartement autrefois si somptueux. J'ai une petite valeur à escompter. Je partirai avec mille francs ; avec mille francs, on vit presqu'un an là-bas. Pendant cette année, je trouverai bien moyen de gagner mille autres francs. Nous vivrons seuls, loin du monde, loin des souvenirs... Mais, chère enfant, notre liaison n'a été qu'une association de gaieté, d'insouciance, de plaisirs. Je n'ai plus ni gaieté ni insouciance ; je n'ai plus surtout de plaisirs à vous offrir. Il faut nous dire adieu. Vous êtes jeune et belle, la fortune et les plaisirs ne vous manqueront pas.

Rose avait écouté les paroles d'André avec stupéfaction. Elle mit sa tête dans ses mains, resta quelque temps silencieuse ; puis lui dit :

— Vous ne m'aimez pas, André ; mais, moi, je vous aime et je ne vous quitterai pas. Je partirai avec vous ; je serai châtelaine du château de Roberchon. Félicitons-nous, nous avons joui des plaisirs, qui ne nous abandonnent qu'au moment où nous allions les abandonner par dégoût et par ennui. J'ai quelques bijoux, dont le prix payera notre voyage et notre installation dans votre château, qui a sans doute besoin de réparations ; si toutefois le vent ne l'a pas emporté tout entier, il est possible qu'une chèvre en ait brouté la toiture. Il y aurait sans doute une foule d'excellentes raisons à me donner contre cette résolution ; mais tout doit céder à ceci : Je vous aime et ne vous quitterai pas. Malgré vos soins ingénieux pour me cacher le dérangement de vos affaires, malgré la touchante bonté qui vous en a fait souffrir seul, sans m'associer à vos privations, il y a longtemps déjà que j'ai tout deviné : ainsi ma résignation n'est pas un élan, un mouvement irréfléchi dont je ne tarderai pas à me repentir; c'est une pensée mûrie et arrêtée longtemps avant aujourd'hui.

## XI

#### CE QUE COUTENT DEUX CENT QUATRE-VINGT-CINQ FRANCS, OUTRE UNE VALEUR DE TROIS CENTS FRANCS.

— M. Lenoble?

— Monsieur, il n'est pas levé.

— Pensez-vous qu'il tarde beaucoup?

— Voilà plusieurs personnes qui l'attendent; si monsieur veut faire de même...

Et André entra dans une salle à manger, dallée de carreaux noirs et blancs, servant d'antichambre, où se trouvaient, en effet, trois personnages qui passaient leur temps de leur mieux, en attendant que M. Lenoble fût visible. L'un se promenait en long et en large, s'exerçant à ne marcher que sur les dalles noires. Un autre regardait les quatre gravures hétérogènes qui ornaient la salle à manger : l'*Enlèvement d'Europe,* le *Soldat laboureur,* une *Vierge à la chaise* et *le Coucher de la mariée.* Quand il avait fait le tour, il recommençait. Le troisième était assis, et jouait à peu près la scène du *Bouffe et le Tailleur,* où un personnage, voulant se préparer à une discussion importante, fait seul une répétition, joue son rôle et celui de son interlocuteur, s'adresse à lui-même des objections, que lui-même réfute victorieusement.

— Monsieur, vouz'avec une fille.
— Parbleu! monsieur, je le sais bien.
— Monsieur, elle est douce et gentille.
— Monsieur, cela ne vous fait rien.

Ce brave homme paraissait avoir à demander à M. Lenoble un service qu'il lui importait beaucoup d'obtenir. On distinguait parfois quelques-uns des mots qu'il marmotait, surtout les paroles prêtées à M. Lenoble, supposé récalcitrant et parlant d'une voix impérieuse et plus haute que la sienne, toujours humble et suppliante :

« — Il m'est impossible d'accorder un nouveau délai.

» — Mais, monsieur.

» — Je comprends votre position, mais j'ai besoin de mes fonds...

» — Et, d'ailleurs, qui me garantira votre exactitude ?

» — Monsieur, ma parole.

» — Vous me l'aviez donnée.

» — C'est vrai ; mais des circonstances.

» — Elles peuvent se représenter.

» — Alors... »

A ce moment, on annonça que M. Lenoble était dans son cabinet. L'homme au dialogue, le premier arrivé, entra d'abord.

Il resta près d'une demi-heure et sortit radieux. Sans doute il avait obtenu ce qu'il demandait.

C'était au tour de celui qui se promenait. Un quard d'heure après, M. Lenoble parut en le reconduisant.

— Messieurs, dit-il à André et à l'admirateur des gravures, je suis désolé, mais je suis obligé de sortir; il m'est impossible de vous recevoir aujourd'hui. Demain, je vais à la campagne, je ne reviens qu'après-demain au soir; le jour d'après, je déjeune en ville; c'est donc seulement le jour suivant que je pourrai causer avec vous.

— Mais, mon cher monsieur Lenoble, dit André, c'est la quatrième fois que je reviens.

— J'en suis vraiment désolé, mais impossible autrement. A samedi donc, messieurs; je vous salue bien.

André fut exact; il attendit une heure et demie et fut admis auprès de M. Lenoble.

— Mon cher monsieur André, je suis désolé de vous avoir fait attendre; mais j'ai tant d'affaires! Je suis, tous les matins, assiégé comme vous l'avez vu. Il y a bien longtemps que l'on ne vous a rencontré. Avez-vous donc été à la campagne? Ah! vous êtes chasseur. Je ne chasse pas, mais mon grand-père était grand chasseur. Mon oncle, feu le mari de ma tante Laure, qui demeure avec moi, était aussi un chasseur renommé. Je me rappelle une histoire que je ne crois pas vous avoir racontée...

Quand André avait fait le calcul de ses ressources, il avait dit :

— Un billet de trois cents francs que je ferai escompter par Lenoble. Ci : trois cents francs.

Mais, au moment de faire la proposition d'escompter le billet, il commençait à apercevoir une partie des objections que Lenoble pouvait lui faire, et, quoique Lenoble lui eût déjà raconté l'histoire de son oncle, il n'osa pas l'arrêter court, et se résigna à subir de nouveau la narration.

— Puis-je vous être bon à quelque chose? lui dit enfin M. Lenoble.

— C'est une bagatelle, dit André; un billet de trois cents francs que vous m'obligerez de m'escompter.

— Ah! dit Lenoble, je fais bien peu d'escomptes maintenant; j'ai fait des pertes, *le commerce va si mal...* Hier encore, j'ai fait des remboursements importants ; je n'ai pas du tout d'argent.

A ces paroles, André sentit au dedans de lui-même des bouillonnements d'indignation, de la lâcheté avec laquelle il avait écouté la vieille histoire de M. Lenoble.

— Cependant, ajouta celui-ci, je ne voudrais pas vous refuser.

Un gros chat vint grimper sur les genoux d'André. Le chat muait.

— Prenez garde, dit M. Lenoble, il va vous salir.

Mais André avait repris avec l'espoir toute sa lâcheté ; il se prit à caresser le chat et fit un grand éloge de sa beauté et de la douceur de son poil.

— Mais, pour le moment, je n'ai pas beaucoup d'argent.

André repoussa le chat.

— Revenez le 5, dans quatre jours ; nous tâcherons de vous faire votre affaire.

André allait se lever ; M. Lenoble continua le dialogue.

— Que faites-vous ? On dit que vous vivez avec une fille de théâtre. Vous avez tort, tous les honnêtes gens vous blâment.

André se sentit rougir d'indignation contre

M. Lenoble et contre lui-même : de personne il n'eût souffert de semblables questions, ni un blâme ainsi formulé. Il se contint en pensant que c'était la dernière fois qu'il aurait à subir de pareilles corvées.

— Après tout, continua M. Lenoble, j'ai été jeune aussi, c'est-à-dire jusqu'à vingt-deux ans. On la dit jolie ; je l'ai vue un soir avec vous, elle m'a paru bien faite, ses hanches surtout ; mais sont-elles réelles ?

Et M. Lenoble entra dans des détails excessivement intimes au sujet de Rose.

André d'abord fit des réponses évasives et embarrassées, puis ne répondit plus. M. Lenoble changea alors de sujet ; il lui demanda à quelle heure il rentrait, à quelle heure il se levait le matin, ce qu'il mangeait.

Enfin, il laissa aller le malheureux André ; mais, sur le carré ; il le rappela.

— Eh bien, dit-il, venez dîner avec nous le 5, sans façon, la fortune du pot.

André se rappela que, le 5, il devait mener Rose dîner à une campagne où ils s'étaient rencontrés pour la première fois, et que probablement ils ne reverraient jamais. Néanmoins, il n'osa pas refuser l'invitation de M. Lenoble.

Celui-ci le rappela encore.

— A propos, votre ami *** vous donne quelquefois des billets de spectacle; ayez donc une loge pour le 5.

Le 5, André envoya trop tard chez son ami, il ne put avoir de loge ; à quatre heures, il se décida à en payer une au bureau.

Il y avait à dîner M. et madame Lenoble et leur tante, avec un grand monsieur qu'André ne connaissait pas.

Comme on se mettait à table, M. Lenoble dit à André, tout haut :

— J'ai votre affaire. Envoyez demain matin, entre huit et neuf heures.

A table, on parla de choses et d'autres. M. Lenoble avait de grandes prétentions à la prévision de l'avenir, et, pour plus de certitude dans ses prophéties, il ne les faisait jamais qu'après l'événement. C'est un procédé qui n'est pas très-rare, et au moyen duquel certaines personnes se sont fait la réputation de connaître parfaitement les hommes et les choses, et d'avoir le coup d'œil juste et infaillible. Voici, du reste, la recette de ces réputations :

Vous lisez sur un journal : «La Russie a commencé les hostilités contre la Circassie.»

Très-bien. Jamais de votre vie vous n'avez parlé de la Russie, vous ne savez pas le moins du monde où est la Circassie ; cependant vous dites à tout le monde :

— J'avais bien prédit que la Russie attaquerait la Circassie.

On vous dit :

— M. *** est mort à quatre-vingt-deux ans.

Vous ne connaissez pas M. ***, et c'est seulement par l'annonce de sa mort que vous apprenez qu'il vivait. Vous répondez :

— Cela ne m'étonne pas; j'avais toujours dit que ce gaillard-là passerait quatre-vingts ans.

Quelquefois vous soutenez en face à votre interlocuteur que c'est précisément à lui que vous aviez dit la chose ; vous précisez le jour, l'heure : c'était à dîner, au café de Paris, vous étiez auprès de Tony, vous aviez un habit bleu à boutons de métal. Et l'interlocuteur finit par croire que c'est lui qui a manqué de mémoire, ou que vous le prenez pour un autre auquel vous avez réellement parlé.

Mais jamais M. Lenoble n'avait eu une position plus avantageuse pour avoir prévu et prédit n'importe quoi, que celle que lui donnait la présence d'André et de sa situation, vis-à-vis de lui, d'obligé ne tenant pas encore le bienfait. Il est bon de remarquer que M. Lenoble, sous différents noms, prenait à André à peu près huit pour cent d'escompte; que c'était le taux légal dans sa plus large extension; que c'était là une affaire sur laquelle M. Lenoble faisait un bénéfice, et que cela ne passait à l'état de service que parce qu'il plaisait à M. Lenoble de le prendre ainsi.

— Eh bien, dit M. Lenoble, *** a manqué. Je l'avais toujours prévu. Vous souvient-il, monsieur André, que je vous en ai parlé il y a un an?

— Parfaitement, dit André, qui n'avait pas vu M. Lenoble depuis quinze mois.

— Quand on a un peu de tact et d'expérience, dit M. Lenoble, quand on est doué d'un jugement sain, d'un coup d'œil sûr, il est peu de choses qui peuvent étonner. Les choses les plus imprévues m'ont déjà depuis si longtemps frappé par leur nécessité, que je les considère comme accomplies avant qu'elles aient commencé à se manifester. M. André peut dire que, dès 1827, j'avais prévu les événements du mois de juillet 1830.

Et il regarda André pour attendre sa réponse.

— C'est vrai, dit André.

— Je ne le lui fais pas dire, ajouta M. Lenoble.

On vint à parler de l'amitié.

— Pour moi, dit M. Lenoble, M. André sait que je suis obligeant.

André s'inclina en signe d'assentiment.

— Eh bien, continua M. Lenoble, je n'ai jamais obligé que des ingrats.

M. Lenoble ne disait pas que ses services ressemblaient, en général, à ceux qu'il rendait à André. La plupart des gens, même de ceux qui obligent réellement, font tomber les services de si haut sur la tête de leurs obligés, qu'ils les blessent presque toujours, et que non-seulement ils n'obtiennent pas de reconnaissance, mais qu'ils ne peuvent même parvenir à se faire pardonner leurs bienfaits. La récompense d'un service doit être l'influence heureuse qu'il exerce sur celui qui le reçoit et la bienveillance facile qu'il en ressent. Je me défierais de ceux qui se débarrassent en paroles de la reconnaissance qu'ils ne veulent pas garder dans le cœur.

On se mit en route pour le théâtre. Le grand monsieur offrit le bras à madame Lenoble, qui était une petite femme grasse, rose, assez ragoûtante ; et André fut obligé de se charger de la tante Laure. Il faisait beau, on n'était pas loin du théâtre ; on alla à pied.

André, préoccupé, comme on peut le penser, au moment de quitter Paris pour toujours et d'adopter une existence qui lui semblait encore un rêve, fut obligé de faire les honneurs de sa loge, que madame Lenoble ne trouva *pas assez de face*. Il lui fallut dire à la tante Laure le nom de tous les acteurs, et répondre aux questions de M. Lenoble sur les intrigues et les aventures des actrices, lui qui jamais n'avait pu rester un acte entier sans sortir de sa loge, ou qui prenait le parti de s'endormir au fon d.

Il avait même acquis à ce sujet une faculté digne d'envie. Quand il voyait poindre une de ces scènes éternellement reproduites au théâtre, éternellement ennuyeuses, éternellement applaudies ; quand on disait dans la tragédie :

Je te l'ai déjà dit et veux te le redire, etc.

ou bien :

Te souvient-il encor la fameuse journée ?...

ou dans la comédie, quand on approchait deux fauteuils ; à la seule prévision du *récit* ou de la *scène filée,* il se penchait dans son coin et s'endormait profondément.

A la sortie, il pleuvait à verse ; on prit un fiacre. M. Lenoble indiquait son adresse, quoique André demeurât plus près que lui du théâtre. Il descendit avec sa femme et la tante Laure, et dit à André :

— Soyez assez bon, mon cher monsieur André, pour *jeter* monsieur chez lui en passant. A demain matin ; n'oubliez pas.

— Où demeurez-vous ? dit André au grand monsieur.

— Rue des Trois-Couronnes.

Il y avait une lieue un quart pour aller, autant pour revenir. André rentra chez lui à une heure et demie.

Le lendemain matin, André reçut de M. Lenoble deux cent quatre-vingt cinq francs.

## XII

*Jenny Mathieu à Emmeline Lenoir.*

« Il y avait bien longtemps, ma chère Emmeline, que je n'avais reçu de lettre de toi, et plus d'une fois je t'ai accusée d'oublier, au milieu des plaisirs de Paris, de pauvres campagnards relégués dans une petite bourgade au bord de la mer. Je te remercie bien de ta lettre et de ce que tu m'y apprends. Je ne sais que te dire en retour. Depuis un an et demi que j'ai quitté Paris, ma vie a été monotone et calme au delà de toute expression. Sais-tu qu'il y a un an et demi déjà écoulé depuis la soirée où nous avons vu, chez ton père, ce beau jeune homme triste auquel ton père devait céder son étude, et que toi et moi supposions devoir être ton mari? A propos de lui, il faut que je te parle d'une chose qui m'a bien frappée il y a un an.

Nous déjeunions dans la salle à manger quand il entra tout à coup un grand chien fauve, qui vint s'installer au milieu de nous, et prit de la meilleure grâce quelques friandises que je lui donnai. Il avait l'œil vif et intelligent. Mon père, qui a chassé autrefois, l'admirait en connaisseur, et disait : « C'est un des plus beaux chiens que » j'aie vus; il n'y en a pas en France quatre » comme lui; » lorsque nous entendîmes un coup de sifflet aigu. Le chien laissa un os à demi rongé, se tourna vers la porte, que l'on avait refermée, et, voyant ouverte la fenêtre, qui heureusement n'est qu'à six ou sept pieds du sol, s'élança à travers avec la légèreté d'une biche, et disparut.

» — A qui est ce chien? demanda mon père au domestique qui nous servait.

» — C'est au marchand de canards.

» — Vient-il souvent?

» — Presque tous les jours.

» — Vous m'appellerez quand il sera là.

» Trois ou quatre jours après, comme nous étions à déjeuner, on vint dire à mon père que le marchand de canards était à la cuisine. Il ordonna de le faire entrer.

» A peine l'eus-je aperçu, qu'il me sembla que je l'avais déjà rencontré quelque part. C'était un grand jeune homme d'une trentaine d'années, hâlé par le vent et le soleil, s'exprimant parfaitement bien et éludant les questions de la façon la plus spirituelle; tout ce qu'on put savoir de lui, c'est qu'il demeure à Trouville, qu'il habite une petite maison à lui appartenant, qu'il connaît dans les environs un étang couvert de canards sauvages, dans la saison froide; que, pour suppléer à la chasse de l'hiver, il en a pris quelques-uns vivants qui commencent à lui faire une basse-cour assez nombreuse et lui permettent de faire son commerce en toute saison.

» — Vous n'êtes pas du pays? lui demanda mon père.

» — J'y suis né.

» — Mais, à votre langage, on voit que vous avez reçu une excellente éducation.

» — Je n'en suis pas pire chasseur pour cela.

» Il salua et se retira.

» Ce fut seulement après son dépar que je réussis à me rappeler où je l'avais vu, et je le dis à mes parents, qui rirent beaucoup et m'appelèrent folle. Cependant, ses manières distinguées, le mystère dont il entoure sa vie passée, et surtout la similitude du nom, les rangea presque de mon avis. Nous apprîmes que le marchand de canards s'appelle *André*.

» Il est revenu quelquefois. Une fois, mon père a voulu le questionner; il s'en est allé, et a affecté depuis de ne pas même entrer dans la cuisine pour vendre ses canards. Alors, nous ne nous en sommes plus occupés.

## XIII

*Emmeline Lenoir à Jenny Mathieu.*

« Mon Dieu ! quelle singulière chose, ma chère Jenny ! Quoi ! c'est M. André que tu as retrouvé à Trouville, et dans une semblable situation ! Quand tu l'as vu chez nous, il y avait déjà plusieurs années que je le connaissais. Dès lors, sa fortune avait subi, je le savais, une grave altération ; mais, deux ans auparavant, c'était un des hommes les plus élégants de Paris. Il avait de beaux chevaux, et on le rencontrait partout, toujours brillant, toujours remarquable entre les autres, par sa bonne grâce et par un petit degré d'impertinence qui n'était pas très-désagréable.

« Je t'avouerai, ma chère Jenny, que, sans être ce qu'on appelle amoureuse de M. André, je n'étais pas sans m'occuper de lui, et, d'ailleurs, il m'avait semblé, à diverses reprises, que ma famille avait des intentions sur lui, et que lui-même faisait à moi quelque attention. Il n'a plus été question du mariage, ou plutôt il n'a jamais été question de ce mariage que j'avais peut-être rêvé. Je n'ai pas cru devoir en mourir de douleur ; cela ne m'empêchera pas d'en épouser un autre, mais M. André ne me sera jamais tout à fait indifférent, et tout ce qui me rappelle son souvenir a pour moi quelque chose de doux et de triste à la fois.

» Voici, ma chère Jenny, ce qu'il faut que tu fasses pour moi. Il est évident que tu ne te trompes pas : M. André a quitté Paris, il y a quinze mois, et personne ne sait ce qu'il est devenu. Je savais, d'autre part, qu'il avait, en Normandie, une petite propriété qu'il appelait en riant son château de Roberchon.

» André est malheureux ; informe-toi de lui, donne-moi tous les détails que tu pourras te procurer ; j'ai de l'argent à moi, nous le lui ferons parvenir secrètement.

» Je compte sur toi, ma bonne Jenny, pour l'exécution de ma commission et aussi pour la rapidité de cette exécution. »

## XIV

*Jenny Mathieu à Emmeline Lenoir.*

« Voici, ma chère Emmeline, tous les détails que j'ai pu obtenir. Ils t'affligeront probablement ; mais il n'eût servi à rien de te les cacher, et, d'ailleurs, ç'eût été priver de ton secours une personne qui en a bien besoin.

» Il y a presque un an et demi, un jeune homme vint visiter une mauvaise maison, abandonnée depuis longtemps, située au milieu d'une petite prairie, formant avec elle une propriété connue sous le nom épigrammatique de château de Roberchon. La toiture était enfoncée, les portes hors des gonds. En quelques jours, des ouvriers eurent rendu la bicoque à peu près habitable, et le jeune homme s'y installa avec une petite femme, jeune et jolie, qu'il appelait Rose. Les voisins s'occupèrent beaucoup d'eux pendant quelque temps. On ne tarda pas à s'apercevoir qu'ils étaient fort polis et fort obligeants. D'ailleurs, c'était le moment de récolter les pommes et de faire le cidre; on cessa de songer à eux.

» Bientôt cependant on recommença à parler du voisin André : on le citait comme le meilleur chasseur du pays ; on le vit bientôt aller vendre le gibier qu'il tuait dans les communes environnantes. Ce qu'il tuait surtout, c'étaient des oiseaux de passage, dont la chasse est des plus fatigantes; elle se fait l'hiver, la nuit, et, à chaque instant, il faut entrer dans l'eau jusqu'à la ceinture ; c'était un rude métier pour un jeune homme accoutumé à toutes les aises et à toutes les élégances de la vie. Mais ce qui chagrinait le plus M. André, c'était son chien Black. Black est un chien de plaine et de montagne, un *pointer écossais*, comme dit mon père, et ces chiens ne rapportent pas et n'aiment pas l'eau, surtout l'hiver. Le pauvre Black, entraîné par l'amour de la chasse, par son attachement pour son maître, nageait néanmoins dans l'eau glacée pour aller chercher le gibier dans les endroits où André ne pouvait parvenir ; car il épargnait cette peine à son chien chaque fois que l'eau n'était pas trop profonde et qu'il y pouvait aller lui-même. Rose, quand ils rentraient, faisait un grand feu pour les réchauffer tous deux ; elle les soignait, leur préparait leur dîner. Elle voulut, une fois qu'André était trop fatigué, aller vendre elle-même le gibier ; mais quelques expressions peu honnêtes qu'on lui adressa lui firent tant de peur, qu'elle n'osa plus recommencer.

» Dans les chasses, André avait fait connaissance avec quelques autres chasseurs qui, moins habiles tireurs que lui, l'enviaient tout en l'admirant. Un soir, il en rencontra un qu'il n'avait pas vu depuis longtemps.

» — Eh! l'ami, lui dit André, avez-vous donc été malade, qu'on ne vous rencontre plus?

» — Non, dit l'autre, mais j'ai abandonné le métier de chien que je faisais; je ne suis plus chasseur, je suis contrebandier; je risque, il est vrai, quelques mois de prison (mais, pour cela, il faudrait me prendre), et aussi la confiscation de marchandises qui ne sont pas à moi. Mais je gagne de l'argent, je vis bien et je n'attrape plus de rhumatismes. Vous êtes fort, vous vous en trouveriez bien; vous êtes leste et bon coureur, vous devriez vous mettre des nôtres.

» — Je verrai, répondit André.

» Et il n'y pensa plus.

Mais il ne tarda pas à sentir les premières atteintes de rhumatismes et de douleurs aiguës, que devait nécessairement lui donner une vie semblable. Rose lui donnait tous les soins possibles. Quelquefois elle lui disait :

» — Je ne veux plus que tu ailles à la chasse.

» Mais elle se rendait à la nécessité, et André

y retournait le lendemain. Il arriva, une nuit, qu'André ayant abattu un canard, Black ne voulut pas aller le chercher. André lui dit sévèrement :

» — A l'eau !

» Black alla jusqu'au bord, regarda son maître d'un air suppliant, et se coucha à terre. André regarda où était tombé le gibier, il y avait trop d'eau pour qu'il pût lui-même aller le chercher ; il se tourna vers son chien, et lui répéta avec colère :

» A l'eau !

» Il arrive quelquefois que les meilleurs cœurs s'irritent contre la compassion qu'on leur inspire, ou plutôt contre l'impuissance qu'ils éprouvent de soulager le malheur qu'ils ont sous les yeux.

» Blak entra dans l'eau et rapporta le canard ; mais il était saisi d'un tremblement convulsif qu'il garda jusqu'au retour : en vain on le réchauffa, on le frotta ; il trembla ainsi pendant deux jours, et, le troisième jour au matin, il mourut.

» Il n'y a que les malheureux qui sachent à quel point on peut aimer un chien.

» Je me rappelle, chère Emmeline, une époque où j'étais bien malheureuse et bien triste quand je pleurais, ma petite Zoé, qui m'a bien fait pleurer à son tour quand elle est morte sur mes genoux, se montrait plus caressante que de coutume, et je baisais avec tendresse sa bonne petite tête soyeuse.

» Ce fut une grande tristesse dans la cabane, et, quand André vint ici vendre ses canards, comme notre domestique lui disait : « Black n'est » pas avec vous ? » il répondit : « Il est mort ! » Et il se prit à pleurer.

» Tous les jours, André souffrait davantage de ses douleurs; ce pauvre jeune homme était devenu pâle, et marchait quelquefois courbé comme un vieillard.

» Il rencontra le contrebandier :

» — Quand vous voudrez, dit-il, je serai des vôtres.

» De ce jour, il fit la contrebande, gagnant plus d'argent avec autant de fatigues, mais avec des fatigues qui disparaissaient dans le sommeil, et n'amassaient pas sur lui des douleurs intolérables. On le revoyait quelquefois ici; mais ce qu'il venait vendre, c'était du tabac, c'étaient des poteries anglaises, des dentelles, et il remportait toujours quelque chose pour Rose, un bonnet, un fichu, etc.

» Une fois, il fut pris, battu par les douaniers, et il passa quinze jours en prison. Il songea avec terreur que c'était par hasard qu'on ne l'avait pas retenu trois mois, et que, s'il était resté trois mois en prison, Rose serait morte de faim ; de ce jour, il ne sortit plus sans son fusil. En vain Rose le suppliait de n'en rien faire ; elle craignait quelque malheur.

» — Chère Rose, disait-il, il vaut mieux que le malheur arrive à eux qu'à moi ; je ne me laisserai plus prendre.

» Une autre fois, il fut encore surpris par les douaniers ; mais il les tint en respect en les couchant en joue. Un d'eux s'avança et lui tira un coup de fusil ; André courut à lui et le jeta à terre d'un coup de crosse, puis s'enfuit.

» Un soir, il faisait un temps magnifique ; le soleil se couchait sur la mer de Trouville ; tout l'horizon était d'une splendide couleur jaune ; on voyait se dessiner en noir, comme des silhouettes, sur ce fond éclatant, les petits bâtiments des pêcheurs avec leurs voiles carrées.

Rose avait voulu sortir et accompagner André.

» Tu connais Trouville; tu devais revenir y prendre des bains cette année, et je t'attends encore.

» Ils arrivèrent sur la hauteur, à ce point du chemin de Honfleur où la route se sépare en deux, l'une se prolongeant encore avant de descendre à Trouville, l'autre descendant à Vierville, qui est comme un nid de mouettes au bord de la mer, et où il y a un poste de douane.

» Nous sommes allées plus d'une fois ensemble sur cette côte, ou, de loin, par-dessus des haies de houx épineux, on aperçoit la mer, qui semble à l'horizon toucher le ciel abaissé sur elle.

» Tu te rappelles qu'à cet endroit il y a, dans un mur de jardin, une niche creusée, et, dans cette niche, une sainte Vierge.

» André avait les yeux fixés sur la mer et suivait du regard un petit navire plus étroit que les autres : c'était un contrebandier qui fuyait la terre après avoir abordé et enfoui dans le sable de la falaise, dans un endroit convenu, la cargaison qu'y devaient prendre André et ses compagnons.

» — Maintenant, dit André à Rose, retourne chez nous, voilà le jour tombé tout à fait; il faut que je me cache dans les roches.

» — J'ai peur ce soir, dit Rose; tu devrais rentrer avec moi; nous avons encore de l'argent, tu te reposerais cette nuit.

» — Impossible, ma bonne Rose; on compte sur moi; vois-tu, la mer est basse, il faut que je prenne ma route par-dessous la falaise. Adieu.

» Rose essaya encore de le retenir, mais ce fut en vain. Il lui donna un baiser sur le front et descendit, non sur le chemin de Trouville ni sur celui de Vierville, mais à travers les champs et par-dessus les haies.

» Pour Rose, elle le suivit des yeux aussi longtemps qu'elle le put; puis elle se mit à genoux et adressa à la Vierge de la niche une fervente prière; après quoi, elle retourna lentement chez elle, où, grâce à la fatigue de la promenade, elle ne tarda pas à s'endomir, en répétant sa prière à la Vierge :

» — Sainte Marie, mère de Dieu, disait-elle, veillez sur lui; sainte Marie, ayez pitié de moi; je ne sais ce qui va lui arriver, mais il va lui arriver quelque chose. Mon Dieu, que deviendrais-je? Que fait-il en ce moment? Peut-être il se bat; on le poursuit; on le frappe...

» Elle pleura longtemps, puis elle s'endormit d'épuisement.

» Pendant ce temps, André se glissait à travers les roches à l'endroit du rendez-vous, en écoutant dans l'ombre le faible signal auquel se reconnaissaient les contrebandiers; tout à coup il s'arrêta et prêta l'oreille; c'était bien le signal, il répondit et se tint debout. Il vit alors se dresser des têtes et des yeux briller; il entendit du bruit derrière lui et se retourna; il se levait aussi du monde derrière lui; cela faisait au moins quatre hommes, et ses compagnons n'étaient que deux. Il était trahi!... A peine avait-il eu le temps de s'en apercevoir, qu'il vit qu'on se rapprochait de lui. Il s'élança, renversa d'un coup de crosse un de ses agresseurs et prit la fuite. On lui tira deux coups de fusil qui le manquèrent, mais qui servirent de signal aux autres douaniers.

» André gravit la falaise par un chemin que personne n'avait jamais osé tenter. Arrivé en haut, il fut saisi par deux hommes armés auxquels il échappa par une secousse violente ; puis il continua sa course par-dessus les haies, haletant, s'arrêtant par moments, écoutant, jusqu'à ce qu'il fût arrivé à l'endroit où il avait quitté Rose, auprès de la niche de la Vierge. Là, il s'arrêta et arma son fusil. Les douaniers ne tardèrent pas à le rejoindre, et un furieux combat s'engagea dans la nuit ; deux hommes furent tués, un des douaniers et André.

» Tout cela, chère Emmeline, s'est passé il n'y a pas plus de huit jours. La malheureuse Rose ne peut se consoler. Je suis allée la voir hier. J'ai laissé un peu d'argent chez elle, mais cela ne peut être qu'un secours de quelques instants. Je lui ai parlé. C'est une bonne et douce fille, qui a maintenant au cœur un chagrin pour toute sa vie. J'ai envie de la prendre auprès de moi. »

FIN

# TABLE

|  | Pages. |
|---|---|
| POUR NE PAS ÊTRE TREIZE | 1 |
| ROMAIN D'ÉTRETAT | 83 |
| LES WILLIS | 136 |
| UN DIAMANT | 152 |
| BERTHE ET RODOLPHE | 168 |
| BOURET ET GAUSSIN | 177 |
| JOBISME | 193 |

www.ingramcontent.com/pod-product-compliance
Lightning Source LLC
Chambersburg PA
CBHW062232180426
43200CB00035B/1689